升职加薪
当上总经理

GET PROMOTION
PAY RISE BE GENERAL
MANAGER

升职加薪
当上总经理

姜得祺 著

辽宁教育出版社

© 姜得祺 2014

图书在版编目(CIP)数据

升职加薪当上总经理/姜得祺著. —沈阳：辽宁教育出版社，2014.10
ISBN 978-7-5549-0135-9

Ⅰ.①升… Ⅱ.①姜… Ⅲ.①心理交往—通俗读物 Ⅳ.①C912.1-49

中国版本图书馆CIP数据核字（2014）第227873号

辽宁教育出版社出版、发行
（沈阳市和平区十一纬路25号　邮政编码110003）
北京市兆成印刷有限责任公司印刷

开本：700毫米×1000毫米 1/16　字数：197千字　印张：17.5
2014年10月第1版　　　　　　　　2014年10月第1次印刷

责任编辑：叶北宁　王　俊　　责任校对：文艳丽
封面设计：门乃婷工作室　　　　版式设计：李慧娟

ISBN 978-7-5549-0135-9
定价：36.00元

目录 CONTENTS

序言　从此刻开始，升职加薪不再是梦想！　/ 001

第一章
端正了思想，再来谈升职加薪

打工仔的身，也要有老板的心　/ 002

莫在抱怨中度日　/ 006

职场中人都该有一些野心　/ 010

与其羡慕嫉妒恨，不如马上行动　/ 014

你不是在为公司打工，而是为自己工作　/ 019

让你迈不出前进脚步的到底是什么？　/ 023

第二章
摆不正位置，你就难以上位

要想被认可，你就要知道自己的优劣势　/ 028

要明白自己适合做什么，而不是能做什么　/ 032

问自己：面对现在的职位，你最想要的是什么？　/ 035

你的职场定位，决定着你的高度和深度　/ 039

定位不是盲目跟风，而是量体裁衣　/ 041

为自己的职业生涯做一个五年规划　/ 044

第三章
要想脱颖而出，就得做鸡群之鹤

让个人优势无可取代，做企业里的"抢手货" / 048

工作积极主动，让自己成为"高价商品" / 051

好形象是成功的敲门砖 / 055

不给自己留后路，终会成为强者 / 058

学会为自己宣传造势，懂得为自己邀功 / 061

既要跑赢同事，又要冒出头来让领导看到你 / 063

第四章
职场是个圈，混不好就成了旋涡

马屁精的学问，你必须得懂点 / 068

做上司的心腹，而非心腹之患 / 072

同事之间距离多远才是美 / 074

不要让上司对你的宠爱成为你与同事的隔阂 / 078

锋芒不可毕露，别让你的才华不加掩饰 / 081

先下手为强，后下手遭殃，竞争就要提前一刻下手 / 085

第五章
要想升职加薪，得先拥有升职加薪的资本

薪水不是老板发的，价值是自己定的 / 090

老板永远希望你做摇钱树，而不是寄生虫 / 094

走别人从未走过的道路，做好业绩 / 098

你的言行举止，必须与公司利益保持一致 / 100

按时完成工作算及格，业绩突出还需多做一点点 / 103

第六章
能力很强大，老板未必给你升职加薪

为什么你总和升职加薪擦肩而过？ / 108

学会聪明地向老板抱怨职位与薪水 / 111

向老板提升职加薪一定要审时度势 / 114

给老板一个主动为你升职加薪的理由 / 118

你一定要懂的升职加薪谈判策略 / 121

如何避免老板只给升职却不加薪 / 125

第七章
升职加薪不能靠蛮干，还得讲策略战术

让老板加薪得讲方法和策略 / 130

学会装相，既不是谎言，也不是欺骗 / 134

一定要做点让老板看得见的面子工作 / 137

职场升职术，离不开酒局拉关系 / 140

不要把机遇当偶然，机遇都是设计出来的 / 143

第八章
为自己创造职位，暗中修炼，直逼目标

实现理想职位，需要具备哪些条件？ / 148

紧盯目标职位，暗中修炼能够胜任的资本 / 151

扫除一切阻碍你成就梦想的绊脚石 / 153

没有成为经理之前，要像经理一样思考 / 155

站在公司的角度处理自己的日常事务 / 159

威信和影响力是升职加薪的助推器 / 162

第九章
胆识大小，决定着职场位置的高低

胆识有多大，事业就有多大 / 168

拥有胆识比拥有才能更重要 / 171

敢想敢干，才能创造感动人生的事业 / 173

对于陌生的新项目要敢于挑战 / 177

只要你有豁出去的勇气，就会有丰硕的成果 / 180

任何时候都别前思后想，否则将与机遇擦肩而过 / 183

第十章
有责任心，才配得上高职位高薪水

责任心——职场人士立足之本 / 188

做一个有责任心的人，充满激情地工作 / 192

有责任心的人，才是真正的精英 / 194

爱岗敬业，永不过时 / 196

热爱并忠诚于你的工作 / 199

责任与薪水成正比 / 202

第十一章
投资自己，为高职高薪增加垫脚石

形象决定着你的未来 / 206

充电目的要明确 / 209

找准充电的最佳时机，才能事半功倍 / 213

如何平衡好工作与充电之间的关系 / 215

不要胡乱充电，更不要随波逐流地充电 / 217

打造专业知识品牌，赢得老板青睐 / 219

第十二章
即使月薪千元，也要有月薪万元的气场

你的气场决定了你的职场 / 224

只要你足够自信，就会得到你想要的 / 227

该"装"还得"装"，时间久了它也会成为你的气场 / 230

内功做足，升迁才有爆发力 / 232

可以身无分文，但一定要温文尔雅 / 235

职场无论输赢，都要保持最完美姿态 / 238

第十三章

8小时之内求生存，8小时之外求发展

有效管理自己的时间，高效完成工作任务 / 242

工作不应仅做分内事 / 246

将职场之外的人脉圈子，嫁接到职场上来 / 249

设计好你的"圈"，让别人欠你的人情 / 254

时时修复你的人脉网络 / 258

下班后的8小时，决定了你的成功指数 / 262

序 言

从此刻开始，升职加薪不再是梦想！

每个在职场上混的人都想升职加薪，进入公司的领导层，可最终能够如愿的总是凤毛麟角。很多人在一个岗位上平平淡淡地干了一辈子，除了年龄，其他毫无变化。于是，他们抱怨公司对自己的种种不公，却从来不从自身找原因。其实，真正的原因在于，这些在职场上原地踏步的人对职场升职加薪的认识或许从一开始就是错误的。

有的人认为只要按部就班，不迟到不早退，按照老板的吩咐完成自己的工作任务就能升职加薪了，结果希望落空。

有的人职场书看多了，盲目地认为"不能只干老板吩咐的工作"，于是，去做不属于自己工作范畴的事情，结果知识不够专业，能力有限，好心做了坏事，使得同事觉得他在抢功，老板觉得此人"野心太大"，不但没有升职加薪，反而被降职减薪。

还有的人认为只要和同事、领导处理好关系就能够升职加薪，于是，将全部的精力用在处理人际关系上，表面上和同事打成一片，可是当面对一些很有诱惑力的职位且大家都有竞争权的时候，曾经倾其所有搭建起来的关系倒塌了。作为领导来说，希望身边有几个鼎力支持自己的员工，可是毕竟公司要生存就需要业绩，人际关系搞得再好，如果没有业绩也是难以获得提拔的，即使领导破格提拔了，同事们愿意去服从一个能力还不如自己的人吗？

……

正是这些错误的认识，让很多人白努力了一场，却没有得到升职加薪的机会。其实，综观职场中那些升职加薪快的人，除了有正确的职场认识之外，无不有一套特殊的方法。

在职场上生存，首先要对自己的能力有一个完全的了解，知道自己有几斤几两，然后再找准自己的位置，这是非常关键的。如果你是一个刚入职的普通小职员，就不要在老员工面前指手画脚，更别想一下子帮助老板排忧解难。你唯一要做的就是先做好自己的本职工作，然后熟悉同事及老板的秉性。对公司有建设性的建议，要在恰当的时间、恰当的地点向老板提出，避免遭到同事的嫉妒，当然也要避免越级反映问题，否则有可能遭到顶头上司的打压，日后给你穿小鞋，那么你的前途可能就是一片灰暗。

在职场混，任何时候都不要对自己的工作懈怠，因为每家公司都希望员工成为公司的摇钱树，为公司创造更多的价值，如果你不努力，那么将来就可能是被裁员的对象。因此，要想不被裁掉，而且能够升职加薪，除了努力做好自己的工作之外，还要不断增加自己的资本，让老板觉得给你更多回报是值得的。

序 言
从此刻开始，升职加薪不再是梦想!

但是，有时候，即使你的工作非常努力，业绩非常突出，老板也不闻不问，更别说升职加薪了。此刻，我们就要有向老板提出升职加薪要求的勇气。争取升职加薪并不是什么可耻的事情，而是在为自己争取应得的权利，更是证明自己价值的一种体现。

当然，在向老板提出升职加薪要求的时候，一定要掌握好谈话的技巧，注意时间、地点及老板当时的心情。如果老板正在气头上，你冲进老板办公室质问："我工作干得这么好，为什么不给我升职加薪？"估计下一刻就是你从公司滚蛋之时了。如何让老板乐呵呵地给你升职加薪，这是个技术问题。

很多朋友在选择公司的时候，首先考虑的是，自己在这个公司升职或加薪的空间大不大？何为空间大，何为空间小呢？这看对谁来说了。

我的一个朋友三年前选择一家传媒公司的时候，这家公司经过五年的发展，领导层人员已经饱和。但是考虑到公司发展前景不错，他还是毫不犹豫地加入了这家公司。第一年，他就干出了漂亮的成绩，薪水是增加了，但是升职似乎遥遥无期，因为每个领导层都不缺人。朋友认真分析了公司的领导构架及公司未来发展的人才需求情况。他发现这个公司没有营销部门，而且根据公司目前的发展来看，如果没有营销部，将会给公司带来很大的损失。于是，他利用业余时间抓紧报班学习企业营销课程。经过一年的准备，一份既全面又专业的企业产品营销策划书放到了董事长的面前。董事长看后很感动，说自己经营公司这么多年，都没有我的这位朋友对公司分析得透彻。而且我的朋友拍着胸脯立下了军令状：如果半年时间内没有成绩，那么这半年就当免费为公司打工了，不要一分工资！董事长看我的朋友年轻有为，很有上进心，而且很有诚意，立即决定成立营销部门。我的朋友顺理成章地出任了营销部经理。当时只带了三个人搞营销，不到三个月就取得了非常明显的效果。后来，随着业务的扩大，公司又招了一批人，现在他带领着30多人的营销团队，干得有声有色。用我朋友的话说，岗位在于自己创造，而不要等着老板来安排。

升职加薪的道路有千万条，只要你懂得方法，懂得技巧，严格按照自己的计划执行下去，肯定能够实现升职加薪当上总经理的目标。没有做不到，只有想不到。无论你是职场老手，还是刚入职的新人，只要想干出一份成绩，混出一个名堂，都不妨看看这本书！

CHAPTER 01
第一章

端正了思想，再来谈升职加薪

GET PROMOTION
PAY RISE BE GENERAL
MANAGER

▶ 打工仔的身，也要有老板的心

明确的认识决定一个人前进的方向，如果没有明确的认识，即使再努力，再刻苦，也犹如黑夜之中行舟，到达不了成功的彼岸。

我们经常可以看到身边的朋友、同事，面无表情，朝九晚五，按部就班地工作。他们常常认为自己就是一个打工仔，只要每天做好老板分配给自己的工作就可以了。无须为公司的未来着想，因为这是老板的事儿；无须去发明创新，因为这是其他同事的事儿；无须加班加点，因为这样做的人都是傻子……有这种想法的人只能当一天和尚撞一天钟，得过且过，久而久之，变得懒散，无目标，无效率。这种员工只能处在员工的最底层，并不是其他的同事将他排挤在一边，而是他自己，也不是老板看不起他，而是他宁愿做扶不起的阿斗。

要想在公司升职加薪比别人快，那么首先在你的脑海中别将自己当作打工仔，而要将自己当作这个企业的一分子，自己做好工作就是为自己创

第一章
端正了思想，再来谈升职加薪

造价值。正如那句话：公司利益最大化，自己利益才能最大化。如果公司挣 10 万，你能够获得 1 万，那么公司挣了 1000 万，你就可能获得 100 万。如果公司挣了 1 万，你就别梦想获得 10 万，公司挣了 100 万，你就别梦想获得 1000 万。如果一直将自己当作公司的旁观者，那么你就不可能很好地融入企业，更不可能全心全意去为公司服务，每当公司有重要的任务要交给你的时候，你总是想反正是公司的事儿，又不是我个人的，干好与干不好都一样，这样下去你就不可能尽心尽力去工作，更不要说高效率了。很多时候因为有这种想法，最终导致将事情办砸了，以后公司还有可能将重要任务交给你吗？那么你就不可能成为公司有用的人，没有用就没有价值，没有价值，那么你在公司存在的意义就等于零。

在一个企业里面要想升职加薪，首先从思想上要主动，要积极进取，否则即使你想当一天和尚撞一天钟，也是很困难的。我们就拿"当一天和尚撞一天钟"的故事来说吧。

有个出家的小和尚来到一座寺院，寺院的住持安排给小和尚的任务就是每天到寺院的钟楼撞钟。小和尚一听这活儿简单，于是欣然接受了。刚开始的时候小和尚撞钟很认真，可是半年之后他觉得这个活儿太单调，太无趣了，于是开始名副其实地"当一天和尚撞一天钟"。住持发现了小和尚的异样后，便让小和尚从今天起别再撞钟了，而是去寺院的后厨挑水劈柴。小和尚有些不解便问住持："是我撞钟不够准时，还是不够响亮？"老和尚语重心长地说："你撞的钟声够响亮，但是透露出的是空泛、疲惫，丝毫没有感召力。你没有理解撞钟的含义，仅仅把撞钟当作撞钟，所以你没有真正地去用心撞钟。钟声不仅是寺院里作息的准绳，更是唤醒迷途中人们的利器，所以，钟声要洪亮、圆润、厚重、深沉、悠远。但你心中无钟，即为心中无佛，如此之人何以胜任撞钟之职？"小和尚听了惭愧地低下头，转身去后厨挑水劈柴去了。

可见，并非只是撞钟这么简单，撞钟只是表面现象，而它还有深层次的意义，那就是教化迷途众生。只有理解这种深层次意义的"和尚"才能撞出真正的"钟声"，才能起到撞钟的作用。

作为一名在职场上的人，在工作中同样要明白你工作的真正含义，工作是表面的，工作之后也许是为了养家糊口，也许是为了创业积攒经验，或者是为了升职加薪，无论为了哪一种目的，你都必须要清楚，否则你不可能干出业绩，很可能被贬去"挑水劈柴"。

我的一个好朋友最近的一次经历对我触动很大。他叫张超，与北漂的大多数人一样，随着房价的上涨，不断向北京边缘地带退缩。每天天还没有亮的时候，就得起床坐公交，赶地铁，再坐公交，再步行到达公司。进入公司之后，他还没有完全清醒过来，就紧张地进入工作状态。上午约好了客户，可是因为没有提前对客户进行了解，结果聊得驴唇不对马嘴，这个单子黄了。张超心情很郁闷，坐在自己的座位上，不知道下一步该怎么安排自己的工作。就这样坐着……下午的时候，张超记起了应该约一下明天需要见面的客户，

第一章
端正了思想，再来谈升职加薪

于是，他拨通了电话，谁曾想到第一个电话就被拒绝了，张超上午的郁闷劲还没有消去，此刻更加郁闷。于是他没有了再打下一个电话的勇气。他上网随意浏览起网页……一看距离下班不到一个小时了，他在心里规划着，晚上吃什么？能不能挤上地铁？下班的时刻刚到，他第一个冲到打卡机前，打卡回家。这一天的工作就结束了！

一天如此，一月如此，一年如此……张超就这样做一天和尚撞一天钟，当时我们几个朋友了解到张超的情况，都劝他振作精神，树立目标，可是他听不进去，他还说我们就是一个小小的打工仔，干一天算一天，考虑那么多干什么？张超也从不学习，不仅懒惰，思想消极，没有明确的目标和计划；也从来不反省自己每天都做了些什么，有哪些经验和教训；更不愿意去分析和研究竞争对手；当客户拒绝的时候，他也不去分析客户为什么拒绝……月底了张超只能拿到少得可怜的底薪，提成为零。张超责怪公司管理考核制度不公平，又责怪公司的产品不好……最后丢下一句话：此处不留爷，自有留爷处，就将老板炒鱿鱼了。在这家公司不顺利，去其他的公司也是如此。两年不到换了三四家公司，最后依然是一穷二白。

人常说什么样的心态成就什么样的人生。有的人认为自己就是一个打工仔，自己无论怎么努力工作都是老板挣得多自己挣得少，与其这样不如得过且过，当一天和尚撞一天钟，不求高质量、高效率，只求按时即可，这样的人在职场道路会越走越窄；有的人无论干什么工作的时候，不仅将工作看作自己的职业，而且当作自己终生的事业来发展，这种人必然能够成就一番大的事业。

刘亮大学毕业后应聘到一个研究所工作，研究所里有许多人拥有博士学位。然而，这些人都不太敬业，对本职工作不认真，不是玩乐，就是搞兼职，得过且过地在研究所里混日子。刘亮并没有随波逐流，而是扎扎实实地工作，苦干业务。由于努力，一年后就成了所里的"顶梁柱"。第二年，又被提拔为副所长。

因此，每一个在职场生涯中有追求的人，就不能仅仅当一天和尚撞一天钟，而是要做到心中有"钟"。只有这样，干一份工作才不会混日子，得过且过；只有这样才不会将交给自己的工作草率地完成，而是高质量、高效率地完成；只有这样才能发挥自己的聪明才智，才懂得创新，才能将自己的工作做到尽善尽美。思想决定出路，态度决定高度。一个有主人翁精神的员工，站在一群得过且过的员工中间，自然就鹤立鸡群，自然会得到重视，并得到提拔。

▶ 莫在抱怨中度日

抱怨越多，距离成功越远。

有人说老板都是为员工打工的，无论从精神上或者金钱上都承受着巨大的压力。因为老板每天一睁眼就得考虑如何养活好公司的几十号人。虽

第一章 端正了思想，再来谈升职加薪

然如此辛苦，但是还有不少的员工认为老板是永远剥削自己的人，于是无时无刻不抱怨。他们抱怨自己的老板对自己太苛刻，工资给那么低，劳动强度却那么大；工作的时间超过了8小时，而且加班还不给加班费；工作地理位置偏僻，附近连个银行或者超市都没有……再和自己的老同学一比，抱怨更大，自己的老同学不仅工资高，而且工作轻松，时间自由，更重要的是办公地点处在繁华区。于是，抱怨自己生不逢时，运气不佳，没有遇到一个好的上司、好的公司、好的同事……

与其抱怨自己无法改变的东西，不如停止抱怨，否则只能是自己将自己愉快的心情折腾得满天乌云。而且你所抱怨的那些东西，并不是你所造成的，根本原因也不在你身上。内因改变事物，外因影响事物的发展。只有从思想上认识问题，你才可以改变你所面临的困境。如果你自己不能够真正地认识问题，盲目抱怨，那么最后只能是自己将自己置入万丈深渊。

在工作中我们总是喜欢与那些积极乐观的人在一起，对那些爱抱怨的人，我们总想躲得远远的。在工作中那些爱抱怨的人总是距离升职加薪最远的人。爱抱怨的人人脉圈子会越来越小，前进的道路越走越狭窄。试想，如果你今天的心情很好，可是你身边总是有一个人对你唠叨自己的不如意，不说完全影响到你的心情，至少对你的好心情还是会有影响的，下次当这个人走近你的时候，你是不是想尽办法躲开他呢？

小王是一个心直口快的人，在工作上只要有什么问题就直言不讳反映给领导，而且毫不保留。公司有什么规章制度，她总会直接抱怨，公司领导处事只要不合她意，免不了她也会站出来要

说几句。很多时候同事们私下曾经劝过小王，结果碰了一鼻子灰，小王反驳，我之所以说还不是为了公司好，为了大家好，不像你们这些缩头乌龟，连个屁都不敢放。同事们不再劝她了。小王的这种为人处世方式使得单位领导同事都不是很喜欢她，于是她在工作中不知不觉处处碰壁。虽然她知道是自己心直口快的性格造成的，可是还是一时难以改变过来。于是她便找了另外一个发泄的地方——微博。前几天公司颁布了一条新的规章制度，小王又"发挥"自己心直口快的性格特点，在微博上将公司新的制度批得一无是处，体无完肤。第二天领导找小王谈话，意思是小王无法适应公司的发展，有些屈才，请她另谋高就……

虽然在职场上员工的抱怨是正常的现象，但是抱怨过多，员工会将这种负面的情绪传递给其他的同事，容易造成军心不稳，领导甚至会认为你有跳槽的想法，这势必影响到这个员工今后在公司内部的升职加薪等一系列问题。

人在遭遇不公正待遇时，通常会产生种种抱怨情绪，甚至会采取一些消极对抗的行动，这是一种正常的心理反应。但是，如果我们从另外一个角度，用一种豁达大度的心态来对待它，就会将这种不公正当成是对成功者的一种考验。

前几天拜访一个连锁大酒店的老板，虽然很年轻，但是他取得的成绩却让人赞叹不已。无论是从长相还是学识才华，相

第一章
端正了思想，再来谈升职加薪

较于他人他并没有明显的优势。他的成功仅仅因为一次毫不抱怨的宽容。

几年前，他还是一家路边简陋旅店的服务员，这个职业对于他毫无前途可言，只能是干一天算一天。直到一个冬天的夜晚，他的命运悄然地发生了变化。那是一个大雪纷飞的深夜，他看到马路上空无一人，他打算关上旅店的门，准备休息！此刻，从门外进来一对年迈的夫妇，这对夫妇说自己找遍了整条大街，也没有找到住宿的地方，希望能够在这里住宿一晚。他为难了，因为他的旅店已经住满人了。可是看到疲惫而寒冷的老夫妇，他不忍心拒绝。于是他将自己的床铺让给了这对夫妇，而他在大厅的沙发上凑合了一晚。第二天一早，这对老夫妇非得按照租住房子的费用给他钱，但是被他拒绝了，在他看来这就是一次简单的帮忙，并非为了钱。

这对夫妇在离开的时候对他说："你的能力足以胜任一家大酒店的老板……"他听了只是嘿嘿一笑，在他看来，这句话只不过是老夫妇一句客气话罢了。没有想到一年后，他意外地收到了一封信，这封信正是一年前自己收留的那对老夫妇写来的，信里有一张机票，在信中老夫妇说，自己投资建设了一座大酒店，邀请他去做经营管理者……

他没有计较一夜的房费，而正是这不经意的举手之劳，使他获得了一个梦寐以求的机会。如果他抱怨老夫妇来迟，或者计较个人的小小利益，他会将这对老夫妇拒之门外，那么他就相当于拒绝了一次让自己一步登天的机遇。

所以说，我们首先要学会的不该是抱怨，而应是感恩。抱怨的时间久了，你就会将抱怨当成一种习惯，这种习惯会让你变得心胸越来越狭窄，并且变得唯利是图，这样的人不仅不能给企业带来利益，反而带来的是损失。

很多时候你总是在抱怨，抱怨客户为什么跟了那么久还迟迟不下单；抱怨提成太少，挣的钱都揣进了老板腰包……这些抱怨让你的生活没有了激情，觉得好像都是别人欠你的。其实，你要是把这些都放下，用另外一个角度去想问题，你的工作和生活就一定是另外的样子。

▶ 职场中人都该有一些野心

在我们的身边我们经常看到这样的人，在一个工作岗位上默默奋斗了几十年，依然是一个普通得不能再普通的员工，是他迟到早退造成的吗？不是，他每天按时上班按时下班。是他不努力工作造成的吗？不是，他每天干得比谁都多。是他与同事领导关系处理得不当造成的吗？不是，在公司同事和领导都很喜欢他。那是什么造成的呢？只因为他缺少一种升职加薪的强烈欲望和野心。一个人要想成就一番事业，或者想让你的老板赏识你，没有野心是不行的，也许有人说，欲望越强烈，野心越大，可能成为

第一章
端正了思想，再来谈升职加薪

老板的绊脚石，老板干吗给你升职加薪呢？但是你不知道的是，作为一个明智的老板，这样有野心的员工越多越好。只有有野心的人聚集在一起才能成为一群狼，才能带动公司快速地发展。那些默默无闻的人只能成为羊群，可能被其他公司的狼来吞并。所以，一个员工要想快速地升职加薪，有些野心是必需的。

很多时候当我们说起"野心"二字的时候，都觉得是一个贬义词，但是，在职场中我们不能将它理解为贬义词，恰恰相反，野心的鞭策可以让你在职场中获得别人得不到的职位和薪水。

在这个竞争激烈的社会环境中，职场看似风平浪静，其实也是暗流潜涌，稍有不慎就可能被自己的单位抛弃，尤其是那些不思进取的员工首当其冲。因此，要想在职场永远处于不败之地，甚至发展得越来越好，必须有居安思危的心态。此刻，需要强烈的欲望和野心激发潜藏在自己内心很久的火焰，激起你的斗志，这样才能走出贫穷的思想的禁地，才能为自己的人生找到突破口，才能充分发挥自己的聪明才智及优势，才能在职场中鹤立鸡群，才能引起你的上司对你的关注度，最终让你自己成功晋升。

李刚是我小学的同班同学，在小学升初中的前期生病了，他带病参加升学考试，结果晕倒在考场，他没有能够顺利进入初中学习，再加上他家里生活条件艰苦，使得他不得不选择结束自己的求学生涯，到处打工维持家里的开销，但是他在心里始终抱着一个野心，那就是通过自己的努力，改变自己贫穷的现状。

李刚跟着建筑队转战来到了一个城市建设工地，虽然都是进城的农民工，但是，自从进入这个建筑队之后，李刚就发誓，要做农民工中最优秀的。于是，当别人抱怨工作辛苦、薪水低的时候，李刚默默地努力地工作着，他希望通过自己的努力，积攒更多的专业知识，于是他自发学起了建筑学。

每天当工友们灰头土脸地从工地回来之后，很多人简单洗漱一下，要不就结伴出去欣赏城市的夜景，要不就结伴出去喝酒消除一天的疲惫，还有的工友们坐在一起打扑克……而李刚却找个安静的角落看书学习。有一天，建筑公司的经理看到了这一切，将李刚叫到了自己的办公室便问："别人都在玩，你学习那些东西干什么？"李刚毫不避讳地说："我只想把工作做得更好，尽自己最大的努力做好自己应该做的事情。"经理点了点头。

后来建筑公司的经理总是找李刚帮忙，不是帮忙算工地的土立方，就是帮忙算工地需要多少水泥沙子。每次交给李刚的任务，李刚都能够顺利快速地完成。很快李刚被经理破格提升为技师。那些农民工们还不服气，当着李刚的面讽刺挖苦说他背地里给经理塞了好处费。但是李刚没有因为别人的嫉妒气愤地回击他们，而是说："我不光是为老板打工，更不是单纯地为了赚钱，我是为了自己的梦想打工，我们只能在工作业绩中提升自己，我要使自己的工作创造的价值，远远超过所得的薪水，我把自己当作公司的主人，就能获得发展的机遇。"23岁那年，李刚成为这家建筑公司的总经理。他也成为这个建筑公司成立半个世纪以来最年轻的总经理。

第一章
端正了思想，再来谈升职加薪

通过上面的例子，我们不难看出李刚正是有了升职加薪的野心，他也知道仅仅依靠与其他工友们付出同样多是不可能实现自己的野心的，于是努力工作，刻苦钻研，掌握了专业的建筑知识，并且持之以恒地努力，才一步步获得了总经理的职位。由此可见，要想快速地升职加薪，必须具备野心。在这个世界上只要去奋斗没有不可能实现的理想。只要我们有理想，有憧憬，就不妨付出一些努力去尝试一下，这样才能更好地找到发展自己的平台。

如果在职场混，老是拿别人和自己比，唯恐自己付出的比别人多，唯恐自己获得的比别人少，那么你永远不可能实现自己的野心。要想实现自己的野心，必须不断地展现个人价值，而不是斤斤计较。在职场如何树立升职加薪的野心呢？下面几点还是需要注意的。

首先，升职加薪的野心要有高的起点 每个人都在工作，每个人的心里都可能有或大或小的梦想，但是并非每个人都有野心。野心的起点太低，经过磨炼，野心就会慢慢被消磨掉。高的起点，可以让你开辟出一番新的天地。尤其当看到那些还不如自己的人也能成功时，更会激发你的斗志：他没有我能力强，都能够当上总经理，我努力照样可以当上总经理。另外，高起点的野心也能够让你变得更加自强，因为要想当上总经理，必须要在企业里面做得出类拔萃，所以，自己必须付出更多才能配得上这个职位。

其次，你的野心要目标明确，更要符合实际 如果你的理想不是从实际出发的，也没有明确的目标，那么你的野心只能是幻想。只要前进的道路上稍微遇到点坎坷，就可能让你迷失方向。

再次，无论是多么大的野心都必须要付诸行动 很多人觉得自己是野心家，可是没有行动，只是在头脑中想一想就放弃了，那么只能是自己欺骗自己罢了。在这个世界上谁也不比谁聪明多少，真正拉开距离的是努力。要想实现自己的野心，就必须付出比别人更多的时间和精力，只有这样才能出人头地。

最后，无论多大的野心都要保持谦逊　不要因为自己心中树立了伟大的野心，就目空一切，因为毕竟你的野心能不能实现还需要一段很长的路。如果仅仅因此而将领导不放在眼里，蔑视同事，就无疑是搬起石头砸自己的脚。无论多大的野心，需要一个平台才能实现。如果太过张扬，领导可能拆掉这个平台，同事也会排挤你，最后一切都成泡沫。所以，任何时候都要保持谦逊，这样领导才会愿意提拔你，同事也愿意帮助你，这样你升职加薪的道路才有可能走得一帆风顺。

总之，要想升职加薪快，就得树立正确的升职理念，并且赶紧付诸行动，你的一切才可能不再是梦想。

▶ 与其羡慕嫉妒恨，不如马上行动

羡慕嫉妒恨是最近网络上较为火的词语。那么为何羡慕，为何嫉妒，又为何恨呢？羡慕就是看到别人的长处，好的条件，自己却没有，于是很希望自己也能够拥有；嫉妒则是看到别人拥有自己没有的东西之后，心里产生抵触，进而产生恨意，你越是"向阳石榴红似火"，他越是"背阴李子

第一章
端正了思想，再来谈升职加薪

酸透心"。这其实是一个由外向内，由正常到不正常的过程。羡慕是外在的，也是正常的，嫉妒是内心的变化，是扭曲的。无论羡慕还是嫉妒还是恨，都是源于攀比心理，最终的结果就是破坏了你周围的人际关系网络。

其实，嫉妒也不能武断地用正常与不正常来判断，嫉妒可以说是人的本性，谁都嫉妒过别人拥有但自己没有的东西，只不过是每个人嫉妒的程度有大小之分，或者有的人善于隐藏自己的嫉妒心理，很多人不知道他内心的活动，而有些人嘴里装不住话，将对别人的嫉妒说了出来，于是，大家都知道了他的心理活动。但也不见得说出来的人心里的嫉妒是最强烈的，往往这样的人，很多时候只是嘴上功夫厉害，一阵风过后忘记得一干二净，并不会真的因为羡慕而长时间地去恨一个人。恰恰相反，那些嘴里不说的人，恨反而来得多，一旦这种仇恨爆发，犹如十二级地震一般剧烈，摧枯拉朽，天崩地裂，这种恨往往不仅害了别人也害了自己。

所以说宁可"微妒"不可"强妒"，"微妒"就是稍微嫉妒一下，这种嫉妒的程度较小，可以激发人的进取心和竞争意识，这并非是什么坏事，嫉妒成为生活中的作料，但一定要记住作料千万不可当饭吃。但是"强妒"，就是嫉妒的仇恨极其强烈，犹如"中夜恨火来，焚烧九回肠"，整日里痛苦着别人的幸福，幸福着别人的痛苦，长此以往，人何以堪！

前几天，我一个当老师的朋友给我讲了这么一个故事：他们学院有个2013届的毕业生，是全院的风云人物，无论是学业还是社会实践，都是同学中的佼佼者。今年上半年求职时，她早早就接到了一家跨国企业的offer（聘书），年薪过十万，在应届本科生中算是很厉害的。可是，一个多月以后，她所在的班里另外一个平日里成绩平平的女孩找到了年薪更高、公司名气更大的工作。这让她心里很不舒服，越想越不平衡，最后竟然直接拒掉了已经到手的offer（聘书），重新找工作。遗憾的是，她很长时间都没能找到比那个女孩更好的工作，最终发展到严重焦虑，吃不下饭，睡不着觉，整天昏昏沉沉，头晕目眩，最后不得不去找心理医生……

如果她能够看到自己的优势，就不会去嫉妒别人，也不会落到最后的地步。可是很多时候，即使我们占据非常有利的地位，我们也往往看不到自己的优势，总盯着别人的东西，有时候明明别人处在劣势，可是在正处于优势的人看来那个处于劣势的人恰好是优势，所以，就产生了嫉妒的心理。当他一旦处在劣势境地的时候，他才能够真正明白自己当初占据优势的时候是多么幸运，可是当一个人这样想的时候，他已经处在劣势了，已经晚了。对一个人来说，被别人嫉妒即等于领受了嫉妒者最真诚的恭维，这是一种精神上的优越和快感；而嫉妒别人，则会或多或少地透露出自己的自卑、懊恼、羞愧和不甘，对自信心无疑是一个打击。所以，可以和别人比，但是不是为了让自己不开心，而是作为向上的一种动力，不是因为羡慕嫉妒恨别人让自己对自己完全放弃，更不是去采取极端的方式让比自己优秀的人永远停滞不前。人生苦短，不要去羡慕别人，更不要恨别人比自己强，将嫉妒化为力量，自觉地把恨转化为狠，下苦功夫，自强不息，使自己真正有点长进才是最好的出路。

第一章
端正了思想，再来谈升职加薪

我们单位曾经来过两个实习生，名字我就不透露了，姑且用A、B代替，这两个人是大学同班同学，而且还住在同一宿舍，亲如兄弟，包括出来找工作也是同时到一个单位投简历，甚至面试。很幸运的是在我们单位都被录用为实习生，实习半年，如果表现好的话就留下来，但是只能留一个！起初刚到单位的时候A、B两人打打闹闹，甚是朝气蓬勃，但是随着距离实习日子结束越来越临近，我发现A有了明显的变化，他们住在一起，本来一起上班才正常，但是每天A总是在B前面赶到办公室，每天下班的时候A就背着包跑出了办公室，唯恐和B走在一起似的。有一次我故意问A："今天这个时候B怎么还没有来？"A神秘兮兮地对我说："他昨晚喝多了，差点和别人打架了，估计要睡到中午才能清醒！"没有想到A话刚说完B就进来了。我没有问B为何迟到，倒是B主动找我，告诉我，他昨晚接到客户的电话，让他今天早晨7点给他送点资料，客户8点的飞机，至少7点半就得出发，为了不耽误客户，成交这个单子，他早晨起来就给客户送资料去了。如果从住的地方到单位再到客户住的酒店，时间是来不及的，于是B提早起床直奔客户那里去了。B还将这个客户提出的几个疑难问题向我求助，我都做了解答。还有一天，B出去见另外一个客户，在下班之后B还没有回来，于是，我告诉A给B带话，明天早点到单位进行业务培训。结果第二天早晨B没有来单位，后来才知道A告诉B今天不用到单位，直接拜访客户就可以了……很显然我最后录用了B。

其实，我们录用一个人不仅仅看他的能力，主要的还要看他的品质。俗语道：小富靠智，大富靠德。给一个公司带来大富的人就是那些有德之人。与其羡慕别人的成绩，甚至制造重重障碍阻止别人的前进，还不如依靠自己的聪明才智好好努力，同样也可以取得突出的成绩，而且心安理得。

虽然嫉妒有利有弊，我们常人有时候无法完全掌控，但是我们可以根据自己的具体的情况将嫉妒转化成为前进的动力，下面几个方法也许对大家有用。

首先，要学会转移注意力　当我们羡慕别人的时候，我们要找一些事情来做，让自己忙起来，这样就无暇顾及别人的优势，比如参加各种活动，或者找个安静的环境去看书，或者来一场说走就走的旅行，总之，只有让自己忙起来，生活才能充实起来，充实起来，嫉妒的毒瘤才不会蔓延。

其次，给自己一个不嫉妒别人的理由　为了缓解自己的失败带来的心理上的不平衡感，可以找一些理由，使自己不再嫉妒别人。比如"我的运气不太好而已"，"这样的成功没有什么价值"，以此排解心中不满，避免产生嫉妒。这种方法只是权宜之计，不能过分使用，否则可能又会产生其他消极的心理障碍。

最后，最关键的是要让自己看到自己的长处　一个人在嫉妒别人时，总是注意到别人的优点，却不能注意自己比别人强的地方。其实任何人都有不如别人的地方，当别人在某些方面超过我们时，我们可以有意识地想一想自己比对方强的地方，这样就会使自己失衡的心理天平重新恢复到平衡的状态。

对别人产生了嫉妒并不可怕，关键要看你能不能正视嫉妒。如果能把嫉妒转化为成功的动力，化消极为积极，往往会使你赶上甚至超过别人。这一切都取决于你自己。

第一章
端正了思想，再来谈升职加薪

▶ 你不是在为公司打工，而是为自己工作

在职场上升职加薪最快的那些人都是工作认真、踏实肯干的人。在很多人看来这种人很笨，其实，他们才是职场上最聪明的人。因为他们清楚地知道，企业和员工犹如一条绳子上的蚂蚱，一荣俱荣，一损俱损。企业利益最大化才能使自己利益最大化。企业盈利，他们才能拿到高薪；反之，企业不盈利，别说升职加薪了，可能马上就面临裁员的巨大危机。

因此，我们可以说在公司里努力工作，不仅仅是为了公司、为了老板，也是为了自己。我们是在借用公司的平台来实现自己的职业目标。所以，保证公司能够良好地运转是你获得成功的前提条件之一。这其实是一种良性循环，一个为自己的职业目标而努力工作的人，势必会给公司这个平台带来良好的效益，而公司的效益越好，平台越大，个人展示自我的舞台也就越大。

很多人之所以能够事业有成，就是因为他们有着明确的利益观和价值观，他们心里都很明白，自己虽然是在为企业打工，但同时也是在为自己工作，所以在任何环境下都不放弃对工作的努力。对他们来说，能力、经验和机会比金钱要重要得多。也正因如此，当他们获得最终的成功时，谁能说他们当初的努力"不值钱"呢？也许他们当初的辛苦工作换来的薪水并不高，但那些能够让他们最终获得成功的无形资产，又怎么能够用金钱衡量呢？

一位著名企业家说过这样一句话："我的员工中最可悲的一类人，就是那些只想着公司为自己能创造多大利益，而对其他一无所知的人。"如果一个员工只把注意力局限在工作本身，只把工作当成一件换取薪水的差事，那么即使他从事的是自己喜欢的工作，也无法倾入全部的心力。

在美国，一位博士毕业后自愿应聘进入一家制造燃油机的企业担任质检员，薪水比普通职员还要低。在工作了一段时间后，他发现公司不但生产燃油机的成本高，而且生产出的质量也只能勉强合格，于是他便力劝老板改进技术以占领市场。年轻人的同事嘲笑他说："老板给你的薪水并不高啊，你那么卖命做什么？"年轻人笑着说道："我这样做并不是为公司工作，而是为我自己工作。"过了一年，这位年轻人升职成为副总经理，薪水比上一年翻了数倍。

可见，我们在选择职业的时候，必须清楚工作是为企业，更是为自己。那些只是为了薪水而工作的人永远都是在被动地工作，刚刚上班就盼望着下班，工作时从不愿意付出全部精力，这样最终只会埋没自己的才华，泯灭自己的创造力。因此，你的工作态度必须端正起来，不要再为自己应该拿多少薪水而斤斤计较。只要付出了，必定有所得，只不过收获的时间、地点和时机尚不确定而已。

其实，我们每个人都不仅仅是在为公司打工，也是在塑造自己。在工作的过程中，我们不仅获得了经验、知识，而且锻炼了社交等方面的能力，让自己变得更有价值。

第一章
端正了思想，再来谈升职加薪

有人问打工皇帝唐骏："打工最重要的是什么？"他回答说："最重要的是要知道，我们现在所做的每一件事情都是在为自己，我们是在为自己打工。"

1994年，唐骏进入微软总部担任普通技术员。唐骏给自己的规划是：先去大公司学习两年，然后再开始自己创业。于是在微软工作期间，他坚定为自己打工的信念，通过不断的学习和研究，凭借扎实的技术和灵活的头脑，成为微软上海全球技术支持中心总经理，并以严谨、创新、务实的态度赢得了微软CEO鲍尔默的赏识，成为微软中国总裁。

之后，唐骏跳槽到盛大。在盛大，唐骏经历了很多事情，在盛大一度亏损、高管纷纷离职、许多公司向他发出邀请的情况下，唐骏不假思索地回答说："我是不会离开盛大的，因为我在盛大的使命还没有完成。"在盛大4年，唐骏曾3次赴华尔街路演，创造出盛大股价翻番的传奇。

2008年，唐骏又一次出人意料地跳槽到了新华都集团。在新华都集团，唐骏把对新华都的转型当成为自己工作，他给自己树立目标，首先是要让新华都旗下的多家企业实现在资本市场的发展。随后，帮助新华都集团收购一家金融和IT行业交叉的大型企业。唐骏又一次成就了自己。

为公司打工的过程可能是辛苦的，但是将它作为自己的事业来做，就会发现工作不再是一种负担，而是一种乐趣。作为公司中的一员，我们的确是在为公司打工，但事实上，我们是在为自己的未来工作。用前瞻性的眼光和睿智的思考来对待工作，我们才能倾注全部的热情，把工作做得更好。

怀着为公司工作的心态去工作，你就会成为工作的奴隶，在工作时，你不是在做工作，而是在被工作做。被工作俘虏将会使你失去主动权，让你浑浑噩噩混日子，不能提升自我。如果你把目前为公司工作的经历当成对自己的磨炼，那么在不断提高自己的过程中，职位也将相应地得到提升。

虽然我们在这里说得很容易，但是依然有很多人在思想上无法转变，那么如何帮助他们转变这种认识呢？

珍惜拥有的工作。调整好自己的心态，珍惜现有的工作，不要对工作心存抱怨，不要把工作当成自己的负担。

了解自己的能力。在工作的过程中要了解自己的能力，清楚自己能做什么，不能做什么，承担自己能够胜任的工作，实现自己与企业的双赢。

用心做事。勤奋努力工作只能把事情做对，用心工作才能把事情做好。

时常反思工作与自己的关系。要经常问问自己："我为公司做出了什么贡献，带来了多少利润；我在工作中学会了什么，都提高了自己哪些方面的能力，对自己未来的发展有什么帮助。"如果发觉工作并不能起到提升自我的作用，就不要为了一点薪水等待下去，不妨寻找更好的发展平台，提升自己的能力，为自己创造升职加薪的机会。

总之，在现代职场的激烈竞争中要认识清楚，自己工作不仅仅是为老板打工，而是为自己创造未来。所以在工作中一定要敬业，做到一丝不苟、忠于职守，完成分内工作远远不够，你需要做的是更努力，至少比你的老

第一章
端正了思想，再来谈升职加薪

板所期待的做得更多。只有这样，你才能更好地完成你的工作，同时也给自己的升迁和加薪创造更多有利的机会。

● 让你迈不出前进脚步的到底是什么？

谁不用脑子思索，到头来他除了感觉之外，将一无所有。这句话是德国剧作家歌德说过的一句名言。

的确，人类是通过思考来认识事物深层次的内涵，如果不去思考那么只能停留在事物的表面。通过探索，通过思考，人类才能找到生活的方向，事物的规律。思考在我们的工作和生活中占据着极其重要的作用，它是我们一切行动的指南，也决定着我们事业能否取得成功。

在工作中我们经常看到有的同事整天忙忙碌碌，可是一年到头没有一点收获，成为名副其实的"年光族"，并非是他们不努力，而是他们忘记了一件至关重要的东西——思考。因为出发得太久，途经的一切让他们迷失了自己最初出发的目的。如果能够放慢脚步，思考一下自己当初的梦想是什么，那么就会明白前面的路应该怎么走了。但是很多人不去思考这些问题，不问初衷，只知道埋头做事，遇到困难了，也不去想解决问题的办法，而是兵来将挡水来土掩的架势，或者总是觉得反正天塌下来有高个子顶着，单位那么多人，不会将自己一个人怎么样的，于是就这样遇到任何问题时，唯一的办法就是坐以待毙,听天由命。这样的员工怎么可能得到老板的重用,怎么可能升职加薪呢?

一个人真正的贫穷不是没有吃没有穿,而是思想的贫穷。人常说穷则思变,但是很多人本来是原地踏步,甚至倒退的,他却觉得自己在前进,在变化,遇到问题只能在某些形式的逼迫之下,勉强去改变,这种人在工作中一般是处于最底层的员工。每一个成功人士都是善于思考、积极进取的人。

世界悬索桥之父开普敦·布朗就是一个善于思考的人,正因如此他才能够在世界桥梁史上留下自己的名字。当时开普敦·布朗受托设计一座大桥,但是出资方对这座桥的成本费用做出了严格的限制,这就意味着布朗必须建造出一座既低廉又牢固,而且还必须得美观的大桥。为了不辜负期望,当布朗接到这个任务的时候就积极思考,反复画图,反复对比,可是很长一段时间过去了,依然没有丝毫的进展。距离交方案的日子越来越近了,布朗的设计方案没有一个是他满意的,如何才能设计出最美最低廉的桥呢?这个问题一直困扰着布朗,使得布朗饭吃不香,觉睡不安。有一天清晨,布朗拖着疲倦的身体去自己的花园溜达,他一边走一边思考桥的设计方案。突然他看到一张蜘蛛网横在路上,布朗突然来了灵感,一个奇特的想法出现在他的脑海:钢索和钢绳不正可以像蜘蛛网一样连成一座大桥吗?布朗兴奋地跑进屋子,将自己的灵感画了出来。举世闻名的悬索大桥就这样问世了。

第一章
端正了思想，再来谈升职加薪

成功总是青睐那些勤于思考的人。只要勤于思考，就会有收获，大思考有大收获，小思考有小收获。最可怕的就是只知道埋头苦干，却不知道在观察、总结的基础上做深入的思考。在大多数情况下，人与人之间的资质是差不多的。成功的人常常是在工作中勤于思考、善于思考的人，他们总会在仔细琢磨之后才采取慎重的行动。

比尔·盖茨就是一个善于思考的人，所以才有今天如此辉煌的成绩。盖茨觉得思考不应该是被人强迫的而是积极主动地去思考，久而久之，让思考成为生活的一部分，成为一种习惯。同时他也要求自己的员工必须是善于思考的人。因为思考的人才能够寻找到潜在的平衡点，才知道找到最佳的行动机会。只有将思考与实践结合，才能提高工作效率，推进工作进展。就连微软公司最醒目的地方都挂着"要思考"的牌子，时时刻刻警告自己的员工们要思考，并且将思考彻底融入微软产品的细胞中。

如果我们用心观察身边那些穷忙族，你也许很快就会发现，这些人不善于思考，使得自己处于一种停滞不前的状态。这样的人从来不会思考自己为什么会落得如此地步，也没有想过自己为什么要工作，更不会想未来自己何去何从，当然更不会去面对自己的一切挑战。这个人能够为单位带来利润吗？这样的人都不会为自己着想，他会伟大到替单位着想吗？当然不会。只有那些善于思考的人，才会为自己的单位寻找出路。

一个人没有了粮食可以通过播种来收获，一个人没有知识可以通过学习来获得，一个人没有技能可以通过拜师获得，但是一个人没有了思考是无药可救的。一个人在工作中越是善于思考，他所取得的成就可能越大。那些在职场上升职加薪快的人，必定是一个善于思考的人，时时刻刻为单位寻找出路的人。

　　善于思考就能够找到通往成功的捷径。身边的同事这个升职了那个加薪了，千万不要老想着人家是否是通过合法的手段取得的，而是从自身的角度自问一下。自己想要什么？通过哪些努力可以实现？哪些东西是该做的？哪些事情不该做？在没有遇到问题的时候要提前做好哪些准备？困难来的时候要想一想自己可以通过哪些方法来解决？不要埋头拉车，而是要抬头看路，停下来思考思考，自己前进的方向是否正确？不能因为匆忙而忘记思考，这样有可能钻入死胡同，永远找不到出口。如此恶性循环，这辈子只能成为穷光蛋。有人曾经说过自己的成功仅仅是比别人多思考了一次。笨鸟先飞，那我们比他多思考一次，我们比别人多思考两次吧！只有如此才不会有什么阻挡住前进的步伐！

CHAPTER 02
第二章

摆不正位置，你就难以上位

GET PROMOTION
PAY RISE BE GENERAL
MANAGER

▶ 要想被认可，你就要知道自己的优劣势

从我们知道理想是一个什么东西的那天起，我们就有了理想，理想各种各样，多姿多彩。身在职场，我们都有自己的职场理想，比如希望自己 N 年后能得到一个什么样的职位，在业内获得什么样的声誉，取得什么样的成绩。

每一个人的能力都是不均衡的，有弱就有强，有自己擅长的就有自己不擅长的，谁也不可能什么都精通。因此，在现实生活和工作中，喜欢什么、想要什么固然重要，能做什么和能做成什么又是我们不得不考虑的另一回事。况且我们的精力是有限的，很难同时做很多事。要想在竞争中获得生存和发展的权利，最好的方法就是充分利用和发挥自己的资源、优势，做自己最喜欢也最擅长的事情。

从爱好方面来说，一个人可能喜欢很多事情，但是，并非所有的爱好都是你所擅长的，你只有找到自己的优势所在、做自己最擅长的事情，才会获得成功。

可是，我们有时候分不清什么是自己擅长的，什么是自己喜欢的，为此走

第二章
摆不正位置，你就难以上位

了不少弯路。如果我们一开始就把我们喜欢的和自己擅长的分清楚，那么做自己喜欢的事情我们收获快乐心情，做自己擅长的事情你会在职场走得更顺畅。

朋友的妹妹是一个爱唱歌跳舞的小女孩，从小到大各种各样的培训班没少参加过，即使在大学校园里，到处都能看到她活跃的身影。

在大学期间朋友妹妹学的专业是计算机软件开发与应用，她聪明好学，在学校组织的比赛中脱颖而出，并代表学校参加上一级的计算机软件比赛，取得优异的成绩。她写的一些论文，曾在几家计算机权威期刊上发表过。

大学毕业后朋友的妹妹进入一家计算机软件开发公司，从最底层开始干起，很快，她就在新员工中脱颖而出，获得领导的赏识。

后来朋友问妹妹，你为什么没有找一份和唱歌跳舞有关的工作？妹妹说："我喜欢唱歌跳舞，但那不是我的专业特长，我的专业特长是计算机软件。"

只有做自己最擅长的事情，才能做得好，才能超越常人。

说到自己最擅长的事情，对很多人来说，是一件比较困难的事情。当我们身在职场肩负着工作重担的时候，要相信很少有人在没有经历任何挫折和痛苦的情况下，就能表现出伟大的天赋与非凡的才能来。所以你要做的就是尽力做好手头的每一件工作，并且按照内心的天赋指引的方向抓住每一个重大的机会，不断审视自己和自己的工作，你会最终找到自己最擅长的领域，从而不断进步。

据调查，有28%的人正是因为找到了自己最擅长的职业，才彻底地掌握了自己的命运，并把自己的优势发挥得淋漓尽致。这些人自然都跨越了弱者的门槛，在职场中成功迈进升职加薪的行列；相反，有72%的人正是因为不知道自己的优势，总是别别扭扭地做着不擅长的事，难以脱颖而出，更谈不上成大事了。

有这样一句话曾经广泛流传：没有哪一个认识到自己天赋的人会成为无用之辈，也没有哪一个出色的人在错误地判断自己天赋后能够逃脱平庸的命运。

如果你用心去观察那些成大事者，几乎都有一个共同的特征：不论聪明才智高低与否，也不论他们从事哪一种行业、担任何种职务，他们都在做自己最擅长的事。

身在职场，我们可以为自己描绘一幅图画，用来引导自己的职场目标：了解自己的优劣势，发挥己长，选择适合自己的工作，较乐意投入工作，对工作有高度的承诺，能胜任工作，获得更大的快乐和成就。

可是，如果自我认识不充分，自身情况与工作不协调，那么再好的能力也无法发挥。

我表哥的一位同学，在一家医院工作了整整8年，仍没有晋升。他说："我根本就不喜欢当医生。但我的父亲总是生病，医院没有熟悉的人，看病难上加难。所以，我在填报大学志愿的时候，医科成了父亲的首选，在父母的强大压力下，我不得已学习医科，现在，看着其他同事积极争取升职，我实在是一点兴趣都没有，倒是我一直喜欢的文学陪伴着我度过了这些难熬的岁月。"人生苦短，他还要熬到什么时候呢？对此，他也无可奈何。

第二章
摆不正位置，你就难以上位

这样的现象在职场中到处都存在，他们的工作机会由不得自己选择，更没有机会分析自己的优劣势，他们做着一份不适合自己的工作，在工作上得不到成就感不说，还痛苦着自己。

我们或许从小就有自己的志向，有的人想当科学家、发明家或者大文豪，事实上不是每个人都能当科学家、发明家。所以脚踏实地培养自己的一技之长，一步一步去积累自己的个人资本，才是迈向成功的关键所在。

如果有人站在舞台上说：我可以改变这个世界。有人会为这个人的勇气感动，但对于最后的结果不抱什么希望；有人根本对这个人就不屑一顾，认为他是一个自大狂。其实，改变世界也不是不可能的事情，真正的成功在于出色地履行自己的职责、扮演好自己的角色，这一点是每一个人都能够做到的。

富兰克林曾说，有事可做的人就有了自己的事业，而只有从事天性擅长的职业，才会给他带来利益和荣誉。人生是一个多项选择的过程，在各种选择中找到自己的强项，是非常有必要的。

如果你的天赋和内心要求你从事木工工作，那么你就做一个木匠；如果你的天赋和内心要求你从事医学工作，那么你就做一个医生。坚信自己的选择并进行不懈的努力，你就一定能够成功。但是，如果你没有任何内在的天赋，或者内在的呼声很微弱，那么，你就应该在你最具适应性的方面和最好的机会上慎重地做出选择。

在职场上，如果你做着一份自己擅长的工作，并且你是一个非常认真的"演员"，那么升职加薪的机会不属于你还会属于谁呢？

▶ 要明白自己适合做什么，而不是能做什么

知道自己的优劣势所在固然是一件非常重要的事情，但若是将目光单一地放在自己的能力上，或许会感到迷惘，甚至对抉择产生恐慌。

在选择自己可能从事一生的事业的时候，不能仅仅从自己的能力出发，更多的应该是全方位地考虑自己，找一份适合自己的职业，因为能力可以锻炼，知识可以学习，而个性和天资是很难改变的。

一个人如果找不到适合自己的工作，就好比在沙漠中种下了一粒种子。很难使自己在职场中快速成长起来。一份适合你的工作就是保证你在职场健康茁壮成长的沃土。

如果你在不适合自己发展的环境里，你各方面的能力是难以得到体现的，你会很难在工作中有出色的表现。如此一来，即使你每天都在忙碌和努力，你也会被淹没在职场浩如烟海的人流里，难以得到晋升的机会。

在工作中，我们的个人价值需要得到体现，如果你的工作不能给你体现自我价值的平台，任你有多大的志向，晋升也是空中楼阁。

一些穷忙族在毕业找工作的时候，所找的职位并不是很适合自己，但是薪水很高，所以就勉强维持下去，但是，终究有所限制，升职很难很慢，或根本就没有升迁的机会，发展潜力很小，几年之后，他们当初的高薪早已成了别人眼中的底薪。

在我们选择职业的过程中，兴趣和爱好往往具有一种强大的推动作用。但是，兴趣和爱好只能作为重要依据，而不是全部。并且你的兴趣爱好与

第二章
摆不正位置，你就难以上位

社会需要相结合，你的兴趣爱好才有实现的可能。

选择适合自己的职业，能使自己的性格特征与职业工作相吻合，更好地发挥自己的聪明才智和特长，才能得心应手地驾驭本职工作。例如，理智型性格的人喜欢周密思考，所以适合选择管理性和研究性的职业；情绪型性格的人通常表现为情感反应比较强烈和丰富，所以适宜艺术性的职业等等。

找不到适合自己的工作，是职场人最痛苦的事情。试想一下，如果你只是为了谋生而工作，与那些选择适合自己的职业的人比起来，你失去的不仅仅是升职加薪的机会，你还会失去活力和热情。找不到适合自己的职业，虽然工作很勤奋，但机械的工作会让人没有创新的动力和想法，你最终会成为得过且过的穷忙族。

一名员工，只有找准适合自己的工作，发挥自己的特长，才能快速升职。从事适合自己的工作，在工作中就会体现出自己的优势，从而使自己的工作能力日益凸显，获得自己梦寐以求的成就感，这样，你就能快速得到老板的认可，快速晋升。

张军是上海一所名牌大学的毕业生，毕业时正好遇到一家跨国大公司在沪建厂，需要大批专业人才，他所学的专业正对口，就和同班很多同学积极去应聘。

在应聘前，张军首先对这家公司做了一番评估。他从各个渠道了解到，这家公司虽有人才本地化的用人战略，但是初来乍到，又急于开工，紧缺的是一线工人和有经验的管理人员。张军对照着自己已经做好的职业规划，开始思考如何抓住眼前的这个机会并找准适合自己的位置。张军自忖，自己虽然出身名牌大学，但是刚本科毕业，既无在跨国公司任职的经历，又无权威人士推荐，要竞争管理岗位显然不具备优势。但是这家公司的待遇很好，发展前途十分诱人，符合张军的职业规划。

如果你的工作要能给你提供发展空间，能让你看到美好的未来，看到自己事业发展的前景，能给你锻炼的机会和提升空间，在工作中你能充分发挥自己的特长，那么，这份工作就比较适合你。

于是张军做出了一个决策——应聘基层部门的一个操作工岗位。同学们对他都不理解，觉得他在妄自菲薄。其他同学争先恐后报名应聘该公司的白领岗位。果然不出张军所料，当他的同学纷纷落聘时，他却被录用了。

张军被派到基层实习，学到了一些初步的操作技能。由于张军是内行，有扎实的专业基础，再加上勤奋好学，刻苦钻研技术，因此，他业务进步很快，他给新建的生产线提的好几条合理化建议均被公司采纳，这让他在一群新工人中脱颖而出，上司发现张军是个有能力、有潜力的人才，一年多里，将他连升三级，从工人到班长、领班，再升到生产调度坐进办公室。当然，薪酬也直线上升，这一切令张军的同学目瞪口呆，羡慕不已。

职场竞争的形势愈发激烈，这种紧张高压的状态更需要我们选择适合

第二章
摆不正位置，你就难以上位

自己的工作，如果你一开始没有选择适合自己的工作，那么，请你适当调整，让工作适合自己，让自己适合工作，在职场中有一个出色的表现，让自己与众不同，这样就可以张开双臂迎接晋升！

● 问自己：面对现在的职位，你最想要的是什么？

适合你的，就是好工作，具体点说，就是能给你带来你想要的东西的工作。你应该以此来衡量你的工作究竟好不好，而不是拿公司的大小、规模，外企还是国企，是不是出名，是不是上市公司来衡量。在我们找工作的时候，有时候会非常盲目，我们总会被一些东西束缚住我们的眼光，束缚住我们的想法，束缚住我们职业生涯的发展空间。

小公司，未必不是好公司，赚钱多的工作，也未必是好工作。你必须先弄清楚自己想要什么，如果你不清楚你想要什么，你就永远无法找到一份好工作。因为你只看到那些你得不到的东西，而你得到的，都是你不想要的。

从一个技术工程师，成长为一个杰出的企业经营管理者，李彦宏仅仅用了9年时间。当然，其背后是近40年的教育和经验积累。在并不太长的企业经营管理中，李彦宏形成了一套独特的管理风格和管理理念，这是百度能够发展到今天这个规模的重要保障。

李彦宏喜欢搜索引擎，喜欢技术开发，对他来说，做搜索引擎的技术研发简直是一种享受。即使做了百度的 CEO 之后，他还将三分之一的时间用在技术研发与产品开发上，他觉得这是自己最喜欢做的工作。

每天早上起来，李彦宏做的第一件事不是洗脸刷牙。而是跑到电脑上查看百度各个栏目的浏览状况——是涨了还是跌了，如果跌了，那是因为什么跌了。百度的发展成了他人生的全部意义所在，这是他心目中的理想。不管遇到什么样的困难或挫折，他总是觉得他在做自己喜欢的事情，而且也是他最擅长的事情。尽管短信曾经非常赚钱，游戏到现在仍然非常赚钱。百度都没有去做。因为李彦宏的理想并不在那些领域。他喜欢的是通过技术让更多的人更容易地获得信息。这些年百度没走什么弯路，很重要的原因就在于此。李彦宏说："不论创业还是加入一个公司，要做自己最擅长的事，要做自己喜欢的事。这样你才无怨无悔，这才是人生真正的意义！"

李彦宏想通过技术让更多的人获得信息，这也是李彦宏的职业目标，也是李彦宏成为一名技术工程师的那天起一直想要实现的理想。通过工作，李彦宏实现了自己的理想，得到了自己想要从工作中得到的东西。

工作是为了生活，生活不一定是为了工作，工作本身也是生活的一部分，工作质量的高低也决定了你的生活质量的高低。工作的意义绝不在于它是我们的衣食父母，在工作中我们去实现自己的理想，去实现自己的人生价值，无形之中工作已经成为生活快乐幸福的隐形伴侣。

第二章
摆不正位置，你就难以上位

当你在工作中得到你想要的东西，所有的待遇薪水、忙碌加班等等都不再是主要问题了，你会充满激情地想着怎么去将自己的一切献给这份工作。这样的情绪下，工作中的人是快乐的。而快乐的人，会将他的快乐传给身边的每一个人。当快乐在人际中传播开来，工作的环境就会很好。

在工作中得到你想要的东西，说起来容易，做起来其实很难，主要有两大难点：第一就是人往往不清楚自己的需求，第二就是人活在世界上有人多的无奈。也正是因为如此，"得到自己想要的东西"，在更深层次上讲，是对自己的一种挑战。

迎接挑战的开始，我们首先要深刻地剖析自己的需求，明确地知道自己每个阶段最需要的是什么。接下来，我们要挑战身边的各种环境和现实带给我们的困难和无奈，不让这些困难和无奈成为挑战自我的障碍，成为放弃挑战自我的借口。

所以面对一份工作在知道自己想要的是什么的基础上，你要很爱这份工作，对它很感兴趣，甚至为之着迷。你要在工作上有卓越的表现，希望进入所从事领域前10%的卓越人才队列。你要很羡慕同一领域的杰出人士，希望自己获得和他们一样的成绩。你要不断研究和自己工作相关的领域，阅读有关资料，参加辅导课程与讲座，收听相关节目，永远不要感到厌倦。你因目前的工作而废寝忘食，一旦完全投入工作，你会感觉时间似乎都停止了。

全身心地投入到工作中去，你才能从工作中得到你想要的东西。

1940年10月23日，出生在巴西一个贫寒家庭的贝利，是20世纪最伟大的足球明星之一，被喜爱他的人尊为"球王"。他在足球生涯里共攻进 1283 个球。四次代表国家队出战世界杯，三次捧得世界杯（第 6、7、9 届）。1980 年被欧美 20 多家报社记者评为 20 世纪最杰出的运动员之首，1987 年 6 月他被授予国际足联金质勋章，1999 年被国际奥运委员会（IOC）推选为"世纪运动员"。

我们都以为是数十年的刻苦训练，坚毅的品格，非凡的天赋，造就了历史上最伟大的球王。但贝利的一句话让我们有了更多的思考，他说："我热爱足球，足球是我的生命！"

他热爱足球，从事有关足球的工作，满足了贝利对足球的热爱。

执迷不悔的热爱是推动贝利踢球的原动力，在一种与生俱来的兴趣的引导下，贝利步入绿茵场，成为万众瞩目的英雄。

贝利的一生都和足球分不开：年轻时，贝利当运动员；退役后，他做教练，当评论员。贝利以足球为生，足球是贝利终生的事业，也正是足球给贝利带来了人生的辉煌。

不管你想从你现在的职业中获得什么，都必须是你的兴趣所在，因为能从工作中获得自己想要的东西，才会更加喜欢自己的工作。当你做着不喜欢的工作时可能会备感厌倦，这个时候，你只是一个简单的赚钱机器，虽然有高薪，但并不快乐。

美国自我实现领域知名作家兼心理咨询师韦恩·戴尔说过，每一个来到这个世界的孩子都带着锦囊密令。当你的工作满足了你的热爱，你就会从工作成就中获得最大的满足感和自豪感，而且迫不及待地希望再次成功。即使在闲暇时，你也喜欢思考和谈论工作，它已经和你的生活密不可分。

第二章
摆不正位置，你就难以上位

你喜欢结交与你处于同一领域的人士。无论在哪种场合与他们交流，你都是三句话不离本行。并且你很喜欢这项工作，打算为之奉献一生，不愿退休。

当你从自己的工作中得到自己想要的东西，你是开心的，你的财富自然会增多。所以真正的成功之路就是要确定自己最想从工作中得到的是什么，然后满腔热情地投入工作。

● 你的职场定位，决定着你的高度和深度

事先对自己即将从事的职业和自己的未来目标有一个恰如其分的定位，是让初涉职场的新人在职场的脚步迈得稳重踏实、业绩得到迅速提高的最简便有效的方法。

职场上精确的定位是自我定位和社会定位两者的统一。自我定位就是确定我是谁，我是什么性格类型的人？我天生擅长什么？不擅长什么？等等。

社会定位就是我在社会的角色定位。我在社会大分工中应该处于什么位置？扮演什么角色？也就是我应该从事什么职业？

精准的定位源于对自己的了解，全面、系统、客观地评价自己的能力，自己的优势和劣势，通过职业倾向性、兴趣、擅长等综合测评，选定最适合自己做的职业，得出最适合的发展方向。

职场是人生的一部分，而且是最重要的一部分，人生中三分之二的时

间都是在职场上度过的。人生没有目标就像大海中航行的船没有了方向标的指引，我们不知道自己该往哪里走，甚至回不到自己当初来的地方。在职场上如果没有目标，那么你人生的重要组成部分也就荒废了。职场上，给自己一个准确的职场定位，决定你在职场的深度和广度。

职场中人，尤其是年轻人，如果对自己没有很清晰而准确的职场定位，往往很容易陷入眼高手低的困惑中。职场定位是一个认识自己同时也是对自己的未来进行规划的过程，如果自己无法把握，可以请专业的职业顾问为你谋划。

美国人雷恩·吉尔森在《选对池塘钓大鱼》中写道，经过调查发现，世界上有只有3%的人有明确的目标，并且把目标列了出来；10%的人虽然有目标，却没有写出来，而是留在了脑子里；87%的人随波逐流，不知道自己的定位。

无论是初入职场，还是已经在职场摸爬滚打很多年，要想自己的职场之路走得更顺利一些，不要忘了先找准自我定位，不做职场中的穷忙族。

给你和工作之间的关系打一个合适的比喻吧，你和工作之间的关系就像脚和鞋，关键是合适与否。人穿上合适的鞋子，才能在职场路上走得更精彩，秀出自己的美丽，获得最好的体验。我们只有找到适合自己的工作，才能更好地发挥自己的才能。

缺乏准确定位，我们就无法发挥出我们的优势，更不用说获得成功了。比如，一个擅长理论而且口才出众的人，如果把他放在顾问或者谈判的位置上，那么他就会如鱼得水；如果把他放到实战型的管理位置上，他可能只会纸上谈兵。这样的做法就相当于把兔子安排在游泳队，把乌龟安排在

第二章
摆不正位置，你就难以上位

短跑队，放错了位置，使他们怀才不遇。

我们为自己选择的职业，一定要具有长远竞争力并且适合自己。如果你只看到某些行业的高薪酬、高待遇，而忽视了长远发展，将很难让自己增值。

为自己找到一个准确而清晰的职场定位的过程，也是我们学习给人生做加减法的过程，既要为自己制定一个高一点的人生目标，又要学会舍弃一些东西，成为你够到目标的垫脚石。

人生的加法给我们加入智慧的光芒，加入品格的力量，加入财富的积累，加入亲情的温馨，使人生更加丰盈。

而人生的减法为我们减去多余的物质，减去奢侈的欲望，减去心灵的负担，减去环境的纷扰，合理安排人生的进退取舍，使人生更健康。

有舍有得，步步为营，为自己寻找一块适合自己生长的土壤，给自己一个准确的职场定位，你就可以比别人站得高。

▶ 定位不是盲目跟风，而是量体裁衣

在职场上，找不准自己的职场定位，就如同水上浮萍，整日飘忽不定，终究难以成就大事。所以我们要做一个对未来有准确定位的人，始终如一地朝着目标前进，使自己少走一些弯路，少做一些无用功。不管是人生目标还是职场定位，你首先要做的事情就是自我审视。

职场就是一个小人生，我们不止一次地面临选择，职场定位也不可能一次成型，重要的是，你选择的发展方向，是量体裁衣而不是盲目跟风。

在职业选择上，你必须首先弄清楚自己的性格是怎样的，因为性格往往比能力更重要。如果性格与职业不合，再好的能力也无法在工作中发挥出来。在职场中我们经常看到这样一群人，由于自己的性格与自己的职业不相符，也很难在事业上有所突破，因此，他们也很难被提拔或重用。

每个人都有自己的性格特点，有的人热情、开朗、活泼，有的人稳重、腼腆、幽默；有的人大胆、自信、粗鲁，有的人胆怯、自卑、细心；有的人外向、豪放，有的人内敛、寡言；有的人时尚、新潮，有的人保守、怀旧……这就是每个人迥然不同的性格，不同性格的人适合不同的工作。

> 秋云性格外向，是一个非常活泼、开朗的女孩。刚毕业的时候，迫于就业形势，她匆匆选择了一家知名的文化公司做文字编辑，半年下来，日复一日的重复工作让她感到十分厌倦。之后，秋云做了专业的性格和职业能力倾向性测试，职业顾问给她的建议是：从事与市场策划相关的工作。说来也巧，正好有这方面的机会。不久，秋云去了一家跨国 4A 广告公司从事客户工作，这项工作特别适合她，就职的第一个月，业绩便一跃成为公司客户代表榜首。3 年后，秋云就成功晋升为该公司的中国区经理。

秋云意识到她的性格和第一份职业之间的不匹配，继而主动改变职业发展的方向，转向适合她活泼、开朗、外向性格的职业，最终取得了很大

第二章
摆不正位置，你就难以上位

的职业成就。可见，选择一份适合自己性格的职业是非常重要的，如果你的性格根本不适合从事某一职业的话，即使勉强维持，也不会取得职业的长久发展。

性格没有好与差之分，但性格特点与职业之间确实存在匹配与不匹配的问题，某种性格能让一个人在一种职业环境中获得成功，但在另一种职业环境中却大受挫折。因此，在职业选择问题上，我们首先要了解自己的性格是什么样的，适合做什么样的工作，然后再寻找自己的发展平台。否则，你的性格就会制约你的职业发展。

虽然说性格在我们选择工作的过程中扮演着重要角色，但单凭兴趣爱好和性格特点来定位也是有些盲目的，一个人的资本储备在一个人的职业定位中也扮演着重要角色。这里所说的资本储备内容涵盖很多，比如说你的家庭成员是否能提供强有力的支持，你的学识是否够用，你的才智是否聪慧，你的人脉资源是否广泛可靠等等，都要加以考虑。

听朋友说起这样一个人，名牌大学毕业后，顺利进入一家国企工作。进入企业后她发现，因为自己所学专业的原因，工作起来并不得心应手，即使再努力，化工专业的东西对一个文科生来说都是陌生的，实习期过后，她只能从事简单的文职工作。当然这不是她的志向所在。

经过充分的考虑，这里有发挥空间的工作不适合自己，在这里自己的学识欠缺，自己的特长得不到发挥，而自己的人脉圈子也不在这里，于是她毅然辞职，来到大学毕业的地方，结合自己的兴趣爱好、性格特点、知识储备等多方面的因素，选择了一份工作，现在她也算得上是职场中的成功人士。

量体裁衣，才能给自己设定相对比较准确的职场定位。

我们时常会看到这样一些人，他们性格内向，不善于和人交谈，却时时想要在众人面前表现自己善谈，结果却显得格格不入、气氛尴尬。我们不是为了工作量身定做一个自己，而是为自己量身定制一份工作。

量体裁衣，穿在自己身上才舒适。

▶ 为自己的职业生涯做一个五年规划

为自己的职业生涯做一个五年规划，简单地说，就是希望自己的职业生涯到达一个什么样的水平，为了达到这个水平我们需要做哪些准备以及必须要做哪些事情。

在你的日记里写下你的五年规划并且在必要的时候可以稍做变化。随着你生活以及生活方式的变化，你可以更改、添加、删除你计划里的东西。你要懂得，一些事情的出现总会让你重新认识你的目标以及计划。

保持专注于你需要实现的目标是必要的，但是有些事情总是出乎意料地发生。

第二章
摆不正位置,你就难以上位

在做职业生涯规划前,首先问自己五个问题:我要去哪里?我在哪里?我有什么?我的差距在哪里?我要怎么做?

以上看似简单的五个问题,实际上涵盖了目标、定位、条件、距离、计划等诸多方面,只要在以上几个关键点上加以细化和设计,把自身因素和社会条件最大程度地契合,对实施过程加以控制,并能够在现实生活中知晓趋利避害,职业生涯规划便会更具实际意义。

定位是自我定位和社会定位的统一,只有在了解自己和职业的基础上才能够给自己做准确的定位。

每个个体和群体都需要定位,其目的是保证自己持续地发展。不要过高或者过低地评估自己,不要过于看重自己的文凭或者看重自己的成绩,也不要过于低估自己身上的潜质,同时,既需要认真地分析自己,又需要多了解社会需求,以求定位准确。在大多数情况下,正确的思路是,做你应该做的事,而不是做你认为自己喜欢做的事。

职业设计是一个持续不断的探索过程,随着一个人对自己越来越了解,这个人就会越来越明显地形成一个占主要地位的"职业锚"。这个所谓的"职业锚"就是指当一个人不得不做出选择的时候,无论如何都不会放弃的那种至关重要的东西或价值观,即人们选择和发展自己的职业时所围绕的中心。

一个人的所有工作经历、兴趣、资质、向往等集合而成为他的"职业锚"。它告诉人们,到底什么才是最重要的。在人生的进程中,梳理自己的职业经历,明确自己的职业定位,就可以让自己少走弯路,大步迈向成功。

职业规划很重要,我们在做职业生涯规划时,一定要避免走入误区:

有些人为了暂时的功利,宁可抛弃自己所学的专业。这种心理可能会使你得到一些眼前的利益和满足，但从长远发展看并不是明智的选择。毕竟是学习了很久的专业。若进入一个新的领域，势必要重新学习，同时荒废了已经掌握的专业，等到察觉不对的时候，回头都很难。

有些人在进行职业定位的时候，误认为看得见的准备（比如证书等）比看不见的素质重要，误认为有一些看似很好的工作背景就可以帮助自己找到满意的工作，其实用人单位看重的是个人长期积累的素质，而经验的获取是需要一段时间反复进行的，个别短时间的尝试并不表示一个人拥有有价值的经验。

有些人由于对自己的水平、能力没有客观的认识，造成职业定位不准确，期望值过高。若是我们在职业规划时没有从实际出发，在执行规划时，必然会遭遇许多挫折。

职业生涯的规划不是纸上谈兵，如果没有很好的调查研究，没有经验的积累和实践，势必走入择业的误区，容易对前途造成危害。

避免走入职业生涯规划的误区，就要为职业生涯规划确定方向。在方向清晰的前提下，职业生涯规划就是一个树立自己品牌的过程。

建立个人品牌是21世纪新工作的生存法则，职业专家指出："21世纪的工作，已经从做一份工作、追求一个事业，转变到建立专业品牌。"

建立个人品牌需要职业人像品牌经理人一样的思考：你想要成为什么？你想要代表什么？你的工作有价值吗？你有价值吗？发掘心里最想要的工作，想想：我是谁？我不是谁？

进行职业生涯规划，树立个人品牌是未来的工作保障。不同于过去，它提供的保障不是终身雇佣、失业救济。个人品牌的重点是个人技能，强调要具备有市场价值的技术，有令人印象深刻的特色，而且还有不断流传的好口碑。

CHAPTER 03
第三章

要想脱颖而出，就得做鸡群之鹤

GET PROMOTION
PAY RISE BE GENERAL
MANAGER

▶ 让个人优势无可取代，做企业里的"抢手货"

阿里巴巴董事局主席马云说过这样的话：人不可能是全才，不可能在每一个方面都表现得很优秀，甚至在许多方面是平庸的。但如果一个人在某个方面或者某一点上把自己磨炼得很优秀，那么这个人就可以变得出类拔萃。

在职场中，你要想成为上司眼中的红人，要想自己不可取代，不仅要专，更要"钻"。只有在某一方面"钻"出名堂，才能成为职场主角，让自己变得不可替代。

某世界500强企业的顾问琳达·海曼，《坐上管理位置》的作者，曾说过这样一句话：你要想成为一个不可或缺的人，就要保证在某些方面是最优秀的，当老板失去你的时候，他会变得垂头丧气，你自然就会成为企业里"抢手"的员工了。

有些时候时间并不能带来我们想要的东西，我们在单位辛辛苦苦好几

第三章
要想脱颖而出，就得做鸡群之鹤

年，和当初刚刚进入单位时相比，没有什么进步，拿着那点可怜的薪水，艰难度日。

李伟已经在北京某公司工作近10个年头了，但是他的薪水却从来也没有增长过，而且似乎从来也没有一点要增长的迹象。终于，有一天他实在忍不住心中的郁闷当面向老板诉苦，但老板很坦然地说："你虽然在公司待了10年，但是你的工作经验和工作技能却是不到1年，现在也只是勉强达到新手的水平。"

当我们遇到这种情况的时候，我们需要问自己：为公司做了很多事，为什么还要在裁员时"首当其冲"？为什么是你而不是别人，其中一个很重要的原因就是在老板眼里，你的工作任何人都可以胜任，即使你做得再多，也不会成为你的闪光点。

经历过这样的事情后，你有没有想过，如果你能够让自己在某个职位上变得不可替代，能独当一面，结果会是怎样？当你能够独立承担起工作责任时，你就成了一个不可替代的人，即使你的职位很低，也会成为公司不可或缺的人才。

职场上竞争激烈，如果你稍微落后，就会把很多机会留给别人，对很多人来说，获取一个职位可能是轻而易举，但如果想要让自己获得更多的认可，唯一的方法就是能够独立承担工作任务。

职场上出色的人很多，绝对的不可替代是不可能的。但是，这个概念是有百分比的。对于公司来说，培养员工需要成本，更换员工通常也需要付出一定的成本，当你能独立承担起某些重要工作并且能出色地完成时，不可替代的百分比就会增大，出于成本考虑，公司就不会轻易换人。

如何让自己成为那个不可或缺的人呢？要想不被人替代，你就得有一手绝活，你一定要发现自己在哪个方面最拿手，还要学会观察和思考。

如果你是一名普通员工，思考一下自己是否有独特优势？如果有，你的优势在企业里是无可替代的吗？是企业需要的吗？能够得到上司的青睐吗？思考完自己，再观察一下他人，看看自己所在公司的顶梁柱是谁，这个人的最大优势是什么？他最突出的品质是什么？你与此人的差距在哪些方面？

芮恩是伦敦一家五星级大酒店的小厨师，他外表憨厚，不善言辞。他的老板甚至一度想辞退他，因为芮恩身上实在没有什么特别的长处，他做不出什么上得了大场面的佳肴，只是在后厨打打下手。但后来老板发现芮恩会做一道非常特别的甜点：把两只苹果的果肉都放进一只苹果里，而将果核巧妙地剔除，可是从外表看来一点也看不出这是由两只苹果拼起来的，就像是天生的苹果一样。而且这道甜点吃起来特别香甜。有一次，一位长期包住酒店的贵夫人偶然发现了这道甜点，她品尝后非常欣赏，并特意约见了做这道甜点的芮恩。后来这位贵夫人时常邀请她的朋友来这家酒店，就为了品尝这道甜点。因此，芮恩不但没有被老板解雇，甚至还涨了薪水。

第三章
要想脱颖而出，就得做鸡群之鹤

芮恩不会做上得了大场面的佳肴，但他凭借苹果甜点不仅获得了老板的认可，而且自己的待遇也有了显著的提升。

你的闪光点就是你的优势，如果自己有优势，就会在擅长的领域里做到卓越。在你不擅长的领域，你无法发挥出自己的优势，就会显得平庸。比如，你的优势是电脑设计，最擅长的领域是设计广告，但是你在设计广告的同时，去出版行业设计图书、设计插画……这样，你的优势就会在你不擅长的领域中逐渐消失。

要想让自己成为"抢手货"，就要让自己的优势变得不可取代，加速学习，从知识上打败对手；提高效率，从速度上赢过对手；善于抓住机遇，抢占有利时机；勇于创新，让优势无可复制；做个有心人，不断总结经验、分析比较，都能帮助你打造核心竞争力。

作为一个职场中人，如果你为自己的优势找到一个适合的发挥场所，并且时刻注重强化自己的优势，升职加薪的机会怎么会忍心从你身边溜走！

▶ 工作积极主动，让自己成为"高价商品"

美国有一句谚语："通往失败的路上，处处都是错失的机会，坐待幸运从前门进来的人，往往忽略了从后门进入的机会。"

职场中有一些人只有被别人催促时，才会去做他应该做的事，这种人辛苦工作大半辈子，却得不到提拔和晋升。而那些在工作中抱着积极主动的态度，鞭策自己不断前进的员工，却从激烈的竞争中脱颖而出。

怎样才算工作积极主动呢？

对工作勇于负责，每天自动自发、自觉自愿将工作干好，每天都使自己有所创新、有所进步，如果你这样做，你已经在积极主动的行列了。

然而遗憾的是，我们大多数人都有被动工作的坏习惯，从不主动去做老板没有交代的工作，甚至老板交代的工作也要一再督促才能勉强做好。这种被动的态度必然会导致工作效率下降。久而久之，即使是被交代甚至是一再交代的工作也未必能做好，因为他习惯于想方设法去拖延、敷衍。

刘亮是一家公司的普通职员，平时的工作只是收发、传送领导的文件。当公司出现一些无人料理的事情时，别的同事都能少做就少做，推来推去。而刘亮就像一颗螺丝钉一样赶快补上，没多久一份工作就漂亮地完成了。从此"阿亮你见一下那个客户""阿亮你去把那件事情搞定"这样的指派越来越多。

刘亮从未觉得自己是个被人支来支去的"小跑堂"。虽然杂事很多，但是得到锻炼的机会也多，比如叫他去接触传媒，联系公司的广告业务，参与广告文案的写作，选择适合的传播渠道等等，这都是给了他一个个充电和学习的机会。

第三章
要想脱颖而出，就得做鸡群之鹤

一直在暗中观察员工表现的老板将这一切看在眼里，记在心里。从此刘亮工作更忙了，但是忙的却是一些更重要的事情了，比如会见一些重要的客户，起草一些重要的文件。与老板一起参加一些重要的谈判，等等。

几年之后，公司准备上市，董事会将起草招股说明书的重任交给了刘亮。刘亮不负众望，漂亮地完成了工作任务，并顺理成章地成为这家上市公司董事会的秘书，从而一跃成为公司的高级管理人员，成为资本运营方面独当一面的大将。

公司中出现一些无人负责的事情是正常的，因为难免会出现一些管理上的死角，这时就需要员工有主动精神，遇到这样的情况，主动去解决。

有人会抱怨，这不是我职责内的事情，我为什么去做？可是一个单位是一个整体，不同部门之间职责不同，谁能把职责之间的界限划得那么清呢？身为一个单位的员工，如果能把你看见的能做的工作都做好其实也是一种收获。多做一些事情，做的事情越多，你的地位越重要，掌握的个人资源和工作资源也就越多，情形对自己就越有利。

职场中的我们需要时刻扪心自问：你是否自动自发，凡事积极主动呢？如果你的回答不是特别肯定的话，你就必须改变自己的工作态度，让自己成为一个工作积极主动的人。对老板而言，他们需要的绝不是那种仅仅遵守纪律、循规蹈矩，却缺乏热情和责任感，不能够积极主动、自动自发工作的员工。真正优秀的员工会比老板更积极主动地工作。

畅销书《致加西亚的信》的作者阿尔伯特·哈伯特在年轻时，曾经修理过自行车，卖过词典，做过家庭教师、书店收银员、出纳，还当过清洁工。他曾认为，他的工作都很简单，不费精力，甚至没有意义，但后来，他意识到自己的想法是错误的，因为正是因为这些工作经验，才给他带来了很多珍贵的教训。

哈伯特在做出纳的时候，有一次，他把顾客的购物款记录下来，完成了老板布置的任务后就和别的同事聊天，老板走来，示意他跟上来。然后老板自己就一言不发地整理那批已订出去的货，然后又把柜台和购物车清空了。

一件事，彻底改变了阿尔伯特·哈伯特的观念，他明白了不仅要做好自己的本职工作，还应该再多做一点，即使老板没有要求，也要非常认真地去把这些事情完成。在职场中，只要我们具备积极主动做事的心态，每天多努力一点，多付出一点，我们就能在工作中争取到更多的机会。

在工作中，比别人多做一点有时候也只是举手之劳。看到了需要做的工作，想到了需要解决的问题，就率先把事情做完，率先把问题解决。很多人不愿意主动去工作，无论是自己的本职工作还是职责范围以外的工作，无非就是因为心理上的不平衡。为什么我要这样做？为什么是我？可是当别人因为比自己多做了一点受到嘉奖时，心里的不平衡又跳出来了，这个时候又会在想，那么简单的事情自己也会做，有什么了不起的，为什么老板就认为他比自己优秀？很多事情都是一种不平衡心理在作怪，既然知道了主动多做一点也不会给自己造成不便，自己也有能力多做一点，为什么就不能主动呢？

第三章
要想脱颖而出，就得做鸡群之鹤

▶ 好形象是成功的敲门砖

好的形象是成功的敲门砖。说到这句话，你或许会不以为然。无论你认为从外表衡量人是多么肤浅和愚蠢的行为，但在职场上，人们每时每刻都在根据你的服饰、发型、手势、声调、语言等外在形象在判断着你。有些时候在不知不觉中，你已经留给别人一个关于你形象的印象，这个印象在工作中影响着你的升迁，在商业上影响着你的交易，在生活中影响着你的人际关系和爱情关系，无论你愿意与否，它无时无刻不在影响着你的幸福感。

如果你渴望升迁，你就需要展示出自己优秀的形象。

虽然说工作效率、能力、可靠性及勤奋工作是提升的重要条件，但并不是说仅有这些条件，你就能在工作中被提升。只有展示出一个与期待的职位相符的形象，展现出一个可信、有潜力、值得信任的形象，你才能有更大的发展空间，上司和同事才能相信你适合更高的位置。

一个好的员工不需要老板吩咐，他就会穿着妥当，时时刻刻注重自己的形象。因为好的员工知道自己的形象就是公司的形象，代表着公司的面子。着装的第一个规则是整齐顺眼，清清爽爽。整天坐在办公室的职员，或接触顾客的营业人员，要是穿着脏兮兮的衬衫、皱巴巴的裤子，一副精神散漫的模样，谁都不会对他产生好印象。在升职加薪的时候，如果有两个员工，才华相等，效率也在伯仲之间，但是机会只能属于一个人，老板最后通常会依他们平时的仪表给他的印象来取舍。

好形象是成功的敲门砖，这句话一点也不错。注重职业形象会为升职加薪这张试卷加分，那么，我们应该怎样检验自己的穿着、形象呢？

当你站在镜子前面，第一眼看到的就是你的脸，衣服的颜色和款式都是应该突出和强化你的脸的。如果第一眼看到的是你的鞋子或头发，那你就一定打扮得不对了。然后，从头到脚审视一番，例如，脸、头发是否干净整洁，衣服是否整齐挺直。还要检查你的服装颜色、图案与你的肤色身材是否协调，服装的款式是否适宜，因为这不仅仅是把一套亮丽的衣服穿在身上就完事了，你还要考虑这衣服的色彩、款式是不是适合你的身材、皮肤和职业，以及你将要去的场合。

同一件事情，有的人能圆满、得体地完成，而有些人费大力却总也办不好。这里虽有一些偶然的因素，但也有必然因素的作用，那就是人们是否喜欢你，愿意帮助你，并与你合作。

人们往往更乐意积极主动地去帮助那些值得帮助的人，成功者的形象能吸引更多的投资与帮助，这就像股市投资者常常投资那些看上去能涨的股一样。

人除了外在形象，更重要的是内在形象，通过内在形象的修炼能大大弥补外在形象的缺憾，让整体形象焕发光彩。你天生的长相并不重要，所以不要挑剔自己先天的长相。不管父母给你什么样的容貌，你都要活出自我来，并且"要使自己从内心来改变外貌"。

美国赫赫有名的马可法官天生就是一个畸形儿——歪鼻子，兔唇，三角眼，头骨变形以致前额鼓起一个大包，驼背，腿还有

第三章
要想脱颖而出，就得做鸡群之鹤

点拐。开始，他也很自卑，后来他尝试着去帮助别人，并渐渐地被人们所接受。人们的微笑和鼓励也增加了他的信心，他以新的形象、新的方式开始大步地走向自己的人生之路。在以后的岁月中，他不但像正常人一样娶妻生子，还努力奋斗，成为他所在州的法官，并因执法公正廉洁而广受拥戴。他逝世以后，人们自动聚集在街上举行各种纪念活动，几天不散。今天，他已成为人们心中光明之神的化身。

形象是事业成功的一个重要的游戏规则，成功的形象对你事业的成功起着举足轻重的作用，也可以破坏或阻挡你事业的顺利发展。

成功的形象由你自己决定，你就是自己职业形象的设计师。一个成功的形象，总能把你的自信、尊严、力量、能力转化成一种视觉效果站在大家的视线中。同时，你为自己设计了一个成功的形象，你就对自己的言行有了更高的要求，能立刻唤起你内在沉积的优良素质。当你为自己设计了一个成功的职业形象之后，通过你的穿着、微笑、目光接触、握手，一举一动，无论是你的领导还是你的同事，都会在你的身上感受到一个成功者的魅力。这样你就能在职场中散发出耀眼的光辉，照亮自己升职加薪的道路。

▶ 不给自己留后路，终会成为强者

竞争激烈的职场是容不下弱者的。但是每个人都会有软弱的时候，在亲朋好友面前，我们可以将自己"弱者"的形象展现出来，但在上司和同事面前，这是绝对不可以的，在大家的眼里，你应该永远是一个精力充沛、自信十足、敢想敢干的人。

可是谁天生也不是强者，但是我们可以从做事方式、行为习惯等方面去修炼自己。

你不逼自己一回，你就不知道自己还有多大的潜力没有挖掘出来。虽然说退一步海阔天空，但很多时候我们需要将自己置之死地而后生。

有位哲人曾经说过："如果你想翻墙，你最好先把帽子扔过去。"帽子到了墙的另一边，相当于阻断了退路，这样在做选择时，你才不会心生犹豫。

在必要的情况下，强者会选择断绝一切后路，在没有退路的情况下，一个人才能充分发挥自己的潜力，以一当百。

张哲中专辍学之后就开始了南下打工的生活，在深圳摸爬滚打十几年之后，如今已经成为一家发展前景无限的公司总经理。

在去深圳之前，他曾经向家人承诺：一定要让家人过上有钱人的生活。等真正到了那里，张哲才知道了打工的艰辛。

张哲每做一件事情之前，都告诉自己：只许成功，不许失败。

第三章
要想脱颖而出，就得做鸡群之鹤

一旦失败，没有人能帮助自己。即使遇到困难，也不要放弃，自己没有后路可退。就是怀着这种信念，张哲从流水线普工做起，直到坐上了车间主任的位置，待遇和薪金非常不错，引来无数人羡慕的目光。

然而，张哲并不满足于此。通过打听，张哲了解到，坐上公司高层位置的人大多是业务员出身。原本张哲计划着一边工作，一边学习，但是，为了不给自己留下后路，张哲果断放弃了待遇优厚、收入稳定的工作，转而去做一个月保底工资才八百元钱的业务员。

在跑业务的过程中，张哲积累了丰富的人脉和经验，让自己从一个内向的员工变成了一个处理起事情来井然有序的"老油条"。

为了让自己的业绩成为企业中最好的一个，在与客户的谈判中，张哲也从来不给自己留后路。每次去见客户之前，张哲都会给上司立下军令状：如果谈不下来，就自动走人。在没有退路的情况下，张哲全力做好准备，从而屡战屡胜，成了企业中的业绩"状元"。

凭借出色的业务能力，张哲得到了老板的关注，再加上张哲对企业流程了如指掌，在五年一度的竞选中，张哲无可争议地坐上总经理的宝座。成了企业中仅次于老板的"二把手"。

人的平庸往往不是因为能力不足，而是因为意志不坚定。意志坚定的人不允许自己成为弱者，不允许别人看到自己的软弱，所以他们在做事的时候，不管事情的难易程度，统统不给自己留后路，一旦选择了就坚持下去，从来不想怎么样全身而退，脑子里时时刻刻装着的都是怎样才能付出百分之百的努力，获得最后的成功。既然选择了在职场中争取到自己的一席之地，你就要有一种自绝后路、不达目的决不罢休的必胜信心。

很多员工也很想上进，可是他们却不能全力以赴地奔向目标，原因不是别的，就是他们在开始努力之前已经为自己想好了全身而退的计策。所以要想在明争暗斗的职场中变得不凡，你就要将自己处于只能向前、无路可退的环境中，你才会使出浑身解数，崭露头角。

在工作中我们需要经常问自己一些这样的问题，时刻警醒自己：在职场中，你属于平庸的员工，还是优秀的员工？在竞争激烈的职场环境中，你是否喜欢与人竞争，好让上司看到自己的优势？在竞争的时候，你通常是全力以赴，还是留好了退路？

很多人在职场中坐不上想要的职位，得不到理想的薪金，说开了就是给自己留了太多的后路，犹犹豫豫，错过了最佳时机。职场中没有林黛玉，只有王熙凤。

在工作中，当你面对挑战时，是迎面直上，还是转弯而过？当你迎难而上，战胜挑战时，你是否会在众人中脱颖而出，得到上司的赏识？就现在的工作问问自己，是否做好了迎接挑战的准备，如果没有，还有哪些方法可以帮助自己在众多同事中脱颖而出。

第三章
要想脱颖而出，就得做鸡群之鹤

▶ 学会为自己宣传造势，懂得为自己邀功

身在职场，要学会表现自己。

如果你想让自己在行业内站在一定的高度上，你就应了解职场的高层，以及同行业来自世界各地的权威人士。

了解他们的渠道很多，比如看看杂志关于他们的专题采访等等，不一定非要与他们面对面。然后就可以与你的同事提及这些重要人物的背景和轶事，当然如果有合适的时机直接接触这些人物就更好了。但是当你与同事提及重要人物的背景和轶事时，你要懂得挑选合适的时机、使用恰当的语言，如果你时常提及的与那些重要人物的关系被你身边的人识破，会让同事们觉得你很虚伪、招人嫌恶。所以总的来说，你要让人感觉到你是谦虚的，你是真的想和大家分享经验而不是为了炫耀一些什么。

"为什么领导总是看不到我的努力？"在职场中我们经常听到这样的抱怨。很多年轻人对工作状况感到不满时都会给自己戴上"怀才不遇"的帽子。难道有能力、才华的人都会这样吗？当然不是。不是领导故意不看你的努力，而是你没有为自己的成绩包装宣传一下让领导知道。在职场，酒香也怕巷子深，如果你做出了成绩，就要学会运用适当的方法，为自己邀功。你只有展示出自己的才华，把自己的功劳谦虚地放在大家都能看得见的地方，才能引起领导的重视。

成功人士的一个共同特点就是他们从不过分地夸耀自己的功绩，而是让其自然地流露，一般来说，不露痕迹地让人注意到你的才干及成就，比

敲锣打鼓地自夸效果更好。

比如说，在你向上司汇报工作进程时，应当说："我做了某事，还望您多多指点。"这样一来，好像是在听取上司的指点，而实际上你已经表现了自己，又充分体现了谦虚的美德。同样的话，从不同的人嘴里说出来的效果是不一样的。

李珍妮在新公司工作约两个月后，培训老师到她的办公室找她，刚好有一份传真进来，传真上说，她花了两个星期争取的一笔业务成交了。她叹了口气不经意地说，要是传真早5分钟来就好了——刚才公司副总经理在她的办公室里聊天，闲谈中刚好提到这个客户和那笔生意。培训老师建议她赶紧去副总办公室报喜。起初她并不愿意，说写个便条就可以了，老师建议她趁热打铁，显示自己的功劳，不过要假装不经意地提起这个巧合，"我们刚谈完，我就成交了这笔生意！"

最后她还是同意了，结果副总非常高兴，建议她告诉公司的公关部门，好让公司同仁知道这笔进账——他也是此中高手，能牢牢把握每一个增加自己部门正面曝光的机会。

一旦有机会，每个人都应该用一种间接、自然的方式表彰自己的功劳。不管一个人自认为才干如何，也不管一个人真正的才干如何，在工作的过程中，每个人几乎都会碰上无法施展才干的时候。一个人处于什么样的位置，一定有它的原因，没有真正的怀才不遇。李白在怀才不遇时吟道

第三章
要想脱颖而出，就得做鸡群之鹤

"天生我材必有用"，套用在职场中就是"天生我材未必有用，我材有用靠自己"。

在职场上，要想抓住机会升职加薪，就需要一些职场的策略和技巧。不愿意显露才华，掩藏职业抱负，只坐等伯乐的出现，是很被动的；懂得为自己写广告语的人，才能更好地宣传自己，成为别人眼里的美丽风景。

▶ 既要跑赢同事，又要冒出头来让领导看到你

身在职场，我们都在辛辛苦苦地努力工作，既要时时刻刻走在其他人的前面，又要让领导把这一切都看在眼里，不是一件容易的事情。

当上司提出一项计划时，如果你勇敢自信，敢于毛遂自荐，你就是领导眼里的好员工。当然这需要在你事先已经做到心中有数，完全有把握的前提下，你才可以先请求上司给你一次尝试的机会。

领导眼里的好员工，一定要是抗压能力强的员工。千万不要尝试去博得领导的同情心，别以为通宵赶工，一副疲惫的样子，会博得上司的赞赏和喜悦。恰恰相反，如果你那样领导会怀疑你的精力和能力，只有弱者才值得同情，而领导是不希望自己的公司里存在弱者的。如果你得到了领导的同情，你就已经被视为一个弱者了，领导还能放心交付你更重要的任务吗？

无论在什么时候，在上司面前均要保持一贯良好的精神状态，这样他会认为你是一个对工作十分投入的人，对工作十分负责的人，而且会认为你是一个自信并且工作能力很强的人。除此之外，你还要尝试用不同的方法提高工作效率，你让老板赚到钱是让老板看到你的最直接的方式，以此可以加深上司对你的印象。

尝试不同的方法提高效率，前提是要学会创新。企业不创新，就不会得到发展；人不创新，就得在原地等死。职场人就要尝试通过创新的方式为企业创造利润，也为自己谋得高职。创新，说起来容易做起来难，很多人绞尽脑汁，提出了自以为惊天动地的妙计，得不到上司的认可不说，甚至还被冠以异想天开的歪帽子。

问题出在哪里？就是因为你的创新不能符合老板的口味，好的想法多如牛毛，但是对一个下属来说，只有想到上司心坎里的创意才是最有价值的。

郭顺是一名职业经理人，在刚进入公司时，才华横溢的他为了大展自己的能力，在没有了解上司性格和做事方法的情况下，做了很多自认很完美的方案，但每次做出的方案都会被上司压下来。

郭顺非常生气，甚至想要和上司吵起来。在一次和好朋友的聊天中，郭顺说出了想要辞职的想法。朋友提醒他说："一个人在公司里想要实现自己的创新，首先要过上司这一关，只有得到了上司的认可，你的方案才能顺利通过。"

郭顺听后恍然大悟，私下里多留了几个心眼去观察上司，并

第三章
要想脱颖而出，就得做鸡群之鹤

时不时地装作与上司偶遇，拉近了与上司的距离。

又过了两个月，当郭顺再一次向上司说出自己的想法时，上司竟破例通过了郭顺的方案。在首个方案获得成功之后，郭顺成了上司的得力助手，并随着上司的升迁，他也一路高升。

个人喜好的口味是不同的，你认为最美味的食物，在对方眼中，可能只是一道普通的菜，甚至是非常难吃的菜。为什么必须得到老板的认同才行？因为他是你的上司，他不认同，你就没有展示机会，能让创意赢得上司认同的人才能在职场中发展顺利。钥匙插在对应的锁中，才能发挥出作用；创造出符合老板口味的创新，才是老板最喜欢的员工，而我们也要相信，老板的立场决定了他的视野与判断，这个判断可能更实际更有意义。

工作中，不论我们想什么还是做什么，我们都必须警醒自己时刻走在同事的前面，可是我们做的这一切归根到底都是为了获得自己想要从工作中获得的东西，金钱、荣誉，也包括升职加薪的机会，而这一切都是老板说了算，所以我们一定要老板看到我们在做什么。

试想一下当你数年如一日，全力以赴地投入工作，尽管自己累得半死，别人却好像熟视无睹，尤其是上司，似乎从来没有关心过你的劳动成果。这时，你可能怨天尤人，牢骚满腹。其实这不完全是上司的过错。

公司上上下下，里里外外，有多少人要上司操心过问，你的"被忽略"其实很正常，因此，你得做个"有声音的人"。

说到这里，你可能会想："像我这样的人不知道是不是可以吸引上司的注意呢？"答案是肯定的。但是，你要抓住问题的实质，在公司里，上司决定一切。所以，问题的关键是让上司注意你，不过你一定要注意方式和技巧，这是非常重要的，否则会适得其反。

不管你是要跑赢同事还是要老板看见你，你所做的这一切，目的只有一个，那就是使自己成为焦点，让公众和上司了解自己、信任自己、支持自己。

在职场中，工作表现好的人太多了，所以你要懂得如何去"曝光"自己。工作做得好也许可以获得加薪，但并不意味着能够获得晋升的机会。晋升的一个重要前提是有多少人知道你的存在、你工作的内容和你的工作实力，以及这些知道你的人在公司中的地位和影响力有多大。

总而言之，要想在公司里出人头地，在跑赢同事的前提下，必须引起上司的注意，巧妙地使用技巧使自己成为引人注目的焦点。

CHAPTER 04
第四章

职场是个圈，混不好就成了旋涡

GET PROMOTION
PAY RISE BE GENERAL
MANAGER

▶ 马屁精的学问，你必须得懂点

溢美之词有一种让人难以抗拒的魔力。

拍马屁有拍马屁的学问，拍马屁不是一味地说好话。

当面赞扬他人并不是一件特别难的事情——从"气色不错"到"这个发型很适合你"或者"你做的企划非常棒，对我很有启发"，甚至是一句"相信你一定能做到"的鼓励，都会让对方感觉到被关注，无形中拉近你们之间的距离。

犹太人有一句谚语应该牢记在心："唯有赞美别人的人，才是真正值得赞美的人。"

赞美本来是一件美好的事情，但在办公室里，有些人的"赞美"总让人感到恶心。他们不分场合和时间，巴结他遇到的每一个人，什么过头的话他都说得出口，在上司面前大献殷勤。从进入单位的第一天起，他们就认为向上司大献殷勤就能轻而易举地得到提升，从来没有想过怎

第四章
职场是个圈，混不好就成了旋涡

样努力工作。

小李在进入公司之前，家长和朋友就提醒他：进入公司后，要多给领导"拍马屁"，这样才能在公司站稳脚跟。进入公司后，小李充分利用了自己的三寸不烂之舌，抓住一切可以和领导说上话的机会，溢美之词滔滔不绝。

小李以为自己这样可以得到老板的厚爱，没想到过了一段时间，小李不但没有得到上司的厚爱不说，上司对小李的态度也冷淡了。因为小李不切实际地"拍马屁"，同事们也不愿意搭理小李，小李在单位里扮演着"姥姥不疼，舅舅不爱"的角色。

高处不胜寒，一个领导者不可避免会对一个总是夸赞他的手下产生好感甚至依赖感。但是哪个领导也不会傻到把升职加薪的机会给一个只会溜须拍马，没有什么工作能力的人。

聪明的人都知道，奉承别人并不是工作的全部，努力提高自己的工作能力，才能使自己的工作顺利完成、目的得以顺利实现。

所以我们在奉承上司的同时，也要注意个人能力的提高，这样我们在职场中才能站稳脚跟。

此外，我们不要单一地去"拍马屁"，还要在赞赏领导的同时，说出自己的想法，很好地完成与领导的沟通。

在现实生活中，能够准确、完整地表达自己的想法才能获得别人的好感和信赖。

作为员工，如果你不能或者不愿将自己的真实想法表达出来，那么你就很难与老板进行友好的交流，而一个不能清晰表达自己的思想、不善于陈述自己想法的员工也很难得到老板的欣赏和信赖。

杰克从小就被父母教导，要埋头苦干不要夸夸其谈。这招在学校挺灵验。到了公司，杰克依然不怎么跟人说话，他谨守父训：事业是干出来的，不是用口夸出来的。部门会上讨论项目，杰克也总是躲在角落，虽然他觉得那几个口若悬河的家伙说了许多废话，提的建议也不怎么高明，可他却不愿出风头去与他们争辩。但部门经理特别喜欢那些发言活跃分子。对于埋头苦干的杰克常常视而不见。时间长了，身边的同事不是涨薪水就是被提升，杰克觉得很郁闷。于是他尝试改变自己。

他努力和领导进行沟通，把自己的新想法告诉上级，并且让上级给他提出建议。一开始，上级并不重视，可是后来发现杰克还是很有智慧的人，采纳了他的建议。由于杰克的建议给公司创造了业绩，上级越来越重视他。他也越来越敢于和老板分享，形成了良性循环。他现在变得非常开心。

沟通带来理解，理解带来合作，沟通带来升职加薪的机会。通过沟通，我们理解了领导的意图，表达了自己的想法，我们进一步理解了领导，领导也进一步了解了我们。人与人之间的好感也是通过实际接触和语言沟通才能建立起来。员工只有主动跟上司进行切实有效的接触，才能让上司认

第四章
职场是个圈，混不好就成了旋涡

识到自己的工作能力，才能有更多被赏识的机会。

如果你一味地想着去拍领导的"马屁"，而不尝试着和领导沟通，就难免会拉远与同事的距离。在同事们的眼里，你是一个地地道道的"马屁精"，认为在你眼里只有领导，趋炎附势，唯利是从。

所以在巴结领导的同时，要懂得和同事分享，除了工作上的成绩和经验，还有一些细节方面也很重要，办公室里的好人缘可就是这样"分享"出来的。

> 都说私事不能告诉同事，孙琳却不这么认为。有些私事不能说，但有些私事在工作之余顺便聊聊，可以让大家增进了解、加深感情。什么都保密，这怎么能算同事呢？无话不说，通常表明感情之深；有话不说，自然表明人际距离的疏远。你主动跟别人说些私事，别人也会向你说，有时还可以互相帮帮忙。你什么也不说，什么也不让人知道，人家怎么信任你？要知道，信任是建立在相互了解的基础上的。
>
> 每个月，孙琳都会跟同事们一起吃个饭，"happy"一下。在分享轻松时光的同时，心情也会舒畅很多。和大家一起"疯"，可以在不经意间让同事们接受和喜欢自己的另一面，大家的感情也就会不知不觉融洽起来了。

在任何场合，对任何人，都要用适当的方法加以奉承，你可以把它看作是对未来的一笔投资。哪怕是别的部门的领导，或者是你所厌恶的人，也应该对他们的长处加以赞赏，这一样会给你带来回报。

如果你不相信对方，认为对方不值得赞美，就不必去赞美，虚伪的赞美会使自己陷入无法摆脱的困境，而对方也会觉得你在嘲讽而不是奉承。

"拍马屁"也是有学问的，奉承应该是发自内心的真诚的赞美，是自然而然的善意的表达，不需要你绞尽脑汁，处心积虑，也不需要你赔尽小心。

▶ 做上司的心腹，而非心腹之患

从古代的政治斗争一直延续到了现代职场的博弈中，领导者一旦站稳了脚跟，有了自己的一亩三分地，那些勤恳奉献的下属就免不了从心腹变成上司的心腹之患。

任何一个人凭借一己之力都是很难成功的，领导者也不例外。领导者要想取得事业上的成功，理所当然希望有一些能力突出、可担重任、能够独当一面的心腹替自己分忧解难。领导的心腹，相当于上司的左膀右臂，在领导成功的道路上发挥着不可替代的作用，所以很容易得到上司的恩惠，成为升职加薪"第一人"。

所谓上司的心腹就是知晓上司的心思，并听从上司领导的亲信之人。

第四章
职场是个圈，混不好就成了旋涡

要想在工作中游刃有余，成为领导的心腹，在职场中你就要尝试去知晓上司的心中所想，并按照上司的所想完成任务。要想成为上司的心腹，除了拥有出色的工作能力，帮助领导解决别人解决不了的问题之外，你还要了解上司的习惯、爱好和性格，能猜中上司的心思，及时而准确地辅佐上司。比如和上司一起出差，你是他的助手，适当时候当然要尽己所能，助他一臂之力，但是，请不要忘记自己"陪衬"的身份。好大喜功，喧宾夺主，只会费力不讨好。

究竟是做领导者的心腹还是心腹之患，完全取决于你所把握的度。

要想成为上司的心腹，不至于让自己沦落为心腹之患，有一点是必须要做到的，那就是不管在什么事情上，都不要让上司感觉到你对他构成了威胁。

如果过多知晓上司的秘密，或者不能为上司守住秘密，甚至拿秘密威胁上司，与上司交换条件等，都会让你从心腹变成心腹之患。

心腹与心腹之患字面上看只有两字之差，实际生活中心腹和心腹之患也只有一步之遥，作为心腹的下属非常容易变成上司的心腹之患。在职场中，你要把握好与上司之间的距离，最好不要和上司关系太过亲密，否则一不小心，就会由于言语和行为上的过失得罪上司，阻滞自己的升职之路。但是还不能与上司走得过远，走得太远，心腹这个词就失去了本来的意义了。

任何一个上司，都有自己的过人之处，要不然他也不会取得今天的成就。

我们要从领导那里学习丰富的工作经验和待人处事方略，我们应该尊重他们精彩的过去和骄人的业绩。这样我们提高自己的同时，也能获得老板的赏识，升职加薪的机会也会在不知不觉间来到你身边。

有一种说法：一朝天子一朝臣。新老板上任后，第一件事情就是要扫除上任的"宠将"，拿掉自己的心腹大患。其实在这样紧张的情况下，只要以正确的态度应对，也能成为新老板不可或缺的帮手，成为新老板的"心腹"。

● 同事之间距离多远才是美

生活中，我们有亲密无间的朋友，可以互相鼓励。可是在职场中，我们与同事如果也亲密无间，很可能会适得其反。职场中"株连"的事情也是存在的，与同事保持一定的距离，不仅仅是对自己负责，有时候也是对同事负责。

由于在一家单位上班，每天接触到的人和事大多相同，所以他们之间的共同语言比较多，患难与共，容易成为互相安抚工作烦恼和挫折的职场朋友。但如果走得过于亲近，将对领导的抱怨、单位里的小道消息以及个人隐私等无所不谈，很容易给自己的职业发展留下隐患。天下没有不漏风的墙，如果有些事情败露，你和那些无话不说的同事的关系将处于一个十分尴尬的地位，每天在单位低头不见抬头见，势必会影响

第四章
职场是个圈，混不好就成了旋涡

到工作情绪。

天有不测风云，如果你与某个同事反目，以往谈论过的亲密无间的话语就是你给自己埋下的"定时炸弹"。可能会有一些居心叵测之人，从你这里套走你的想法，到领导那里去大做文章。

办公室里的距离如何把握，并不是一件简单的事情。

与同事相处，太远了不好，人家会认为你不合群、孤僻、不易交往；太近了也不好，容易让别人说闲话，而且也容易令上司误解，认定你是在搞小团体。所以说，若即若离、不远不近的同事关系，才是最难得和最理想的。

薛佳家境比较富裕。李梅家境相对比较贫寒，但由于两个人志趣相同从而成为知己。她们在上大学时就是出了名的好姐妹。毕业后，又进了同一家公司，而且还住在同一间公寓，她们的感情越来越深厚。

因为家里穷，在读大学的时候，父母为李梅借了许多债，她便悄悄找了一份兼职，帮一家小公司管理财务。薛佳发现李梅每天下班后都忙得不可开交，于是问她怎么回事，李梅就把自己做兼职的事情一五一十地告诉了薛佳。

公司非常重视员工的培训工作，每年都会选派一名优秀员工到一家著名的商学院进修。根据选派条件，条件良好的薛佳和李梅都被列进了候选人名单。薛佳对李梅说："要是我俩都能去该多好啊。"李梅说："但愿如此。"

在公司宣布结果的时候，薛佳脱颖而出，成为公司当年唯一选派的培训员工。李梅非常失落，她也非常想获得这次培训的机会，于是找到老板，请求也参加这次培训。

老板看了李梅一会儿，冷笑着说："你太忙了，就免了吧。"

李梅急忙说："我手头上的项目会尽快完成的。"

老板沉下脸来说："那家小公司怎么办，谁给它管理财务？"

李梅立即愣住了，她一时搞不明白老板怎么知道她兼职的事。她本能地辩解说："我兼职是有原因的，这并没有影响我在公司的工作……"

老板打断李梅的话说："好了，忙你的去吧，我还有事。"接着冲李梅摆摆手。李梅只好伤心地离开。

"你太忙了"——李梅没想到这句话会成为阻止她培训的理由。可老板怎么知道她兼职的事情呢？那家小公司是绝对保密的，她也只告诉过薛佳一个人。李梅越想越心酸，她没想到自己最亲密的姐妹会出卖自己。

团结一心固然是再好不过的了，但与此同时，不要忘了保留一定的"私人空间"。在职场上，隔着一层薄纸彼此相望才是最美的。

同事就是你工作中的伙伴，他们不可能像亲人一样包容体谅你。大多时候，同事之间最好能够保持一种平等礼貌的伙伴关系。

第四章
职场是个圈，混不好就成了旋涡

朋友是一个性格非常外向的女生，喜欢结交朋友，不论走到哪里，身边总不会缺少朋友。即使在公司，身边也总是围绕着一群人，大家一块吃饭，一块逛商场，工作休息之余大家一块调侃。虽然朋友是一个受欢迎的人，但是她的职业生涯却不是很顺利，和自己一块进单位的同事，升职的升职，加薪的加薪，而自己却还是当初进公司时的样子，没有什么大的进步，虽然工作也很努力，为此朋友很郁闷，于是选择辞职。可是到每家单位情况都差不多，朋友感到郁闷不解。

在单位里，如果在你的身边形成了一个很明显的小圈子，这肯定不是一个好现象，老板会认为你有帮别的企业挖墙脚的嫌疑。老板不希望看到因为一些人的离开让本公司的工作立即陷入瘫痪状态。所以即使你们没有这样的想法或是根本不曾谈论过这些问题，但一向谨慎的老板会防患于未然，你的工作就可能受到影响。

面对这样的情况，老板最常用的方法是把你调离重要岗位，重新换一个部门，或者调到分公司去，甚至为了公司大局稳定，不惜炒你的鱿鱼。

同事之间保持良好的关系固然重要，但是切忌同事之间过于亲密。你不能对同事说太多的掏心话，否则容易惹麻烦，容易被误解。同事之间保持适当的距离能让你跟他们看起来最美。

▶ 不要让上司对你的宠爱成为你与同事的隔阂

乔治敦大学麦克多诺商学院曾经发布了一项调查结果，通过对美国公司高级管理人员进行调查，他们发现92%的人认为，偏爱在员工的提拔中起着重要作用；84%的人认为，自己的公司存在因受到上司偏爱而获得提拔的现象；96%的人认为，提拔对象是上司预先指定的人。

得到上司的宠爱，你就会更容易得到升职加薪的机会。但是肯定有人不服气，认为你获得升职加薪的机会主要得益于你会溜须拍马，在"绯闻"的影响之下，在大家眼里你就是一个靠抱领导大腿升职的人。于是有一些人发誓要把你拉下马，但他不用正当手段与你竞争，而是采用不光彩手段"挖你墙脚"，处处给你使坏，有时给你设"圈套"，让你上当。更有甚者还会到上司那儿告你"黑"状……这些就是那些所谓"小人"惯用的伎俩。光明磊落的你，在这种场合除"害人之心不可有"外，还得牢记"防人之心不可无"。

如果你是因为上司的宠爱而获得升职加薪的机会，对于流传在单位里的流言蜚语你不要理会太多，过多的解释只会越描越黑。你要做的就是努力提高自己，当你的能力达到一定的高度时，你将不再是他们嫉妒的对象，而变成了倾慕、敬畏的对象，之前的流言蜚语也会不洗自白。

大学毕业刚参加工作的陈瑞为人十分谨慎，生怕一个不小心，得罪了公司里的老员工。但是，不管她怎样努力，最终还是没能

第四章 职场是个圈，混不好就成了旋涡

逃离被孤立的命运。

因为陈瑞是硕士毕业，不但想法有创意，而且说得一口流利的英语，老板非常器重她，只要是约见客户，都会把陈瑞带在身边。平时陈瑞几乎没有在办公室上过班，不是跟着上司出去陪客户吃喝游玩，就是考察市场。最让老员工心里不平衡的是，他们辛辛苦苦一个月才挣那么点工资，陈瑞一来可倒好，工资比他们多了一倍。

一次开会时，上司当着全公司的面表扬了陈瑞设计的方案，夸她见解独特，有新人的锐气；同时批评了和陈瑞一个办公室里的另一名员工。当时陈瑞就觉得那位同事的表情很奇怪。果不其然，从那以后，那位同事不但没有和陈瑞说过话，还时常和她唱反调。

而且她还发现，每次同事们都聊得非常高兴。可是当自己一踏进办公室，他们就立刻停止了谈话，而且还像看怪物一样看着自己，让她浑身不舒服。

当上面通知开会或者出游时，很多时候陈瑞都没在办公室，前来通知的人就会让同一办公室的人转达给她，但是他们每次都假装忘记，一次也没有告诉过她，这不但让她在大会上发言时出丑，而且还导致她错失了好几次出游的机会，令她懊恼不已。

就这样，过了一年，陈瑞实在无法继续忍受同事们的冷淡，主动辞职了。

在工作中遇到有人和你唱反调，这是一件非常正常的而且是避免不了的事情。一个登上世界财富榜的名人根本不会让你嫉妒，而和你一同进单位，却先于你获得提拔的同事，反而容易让你变得心里不平衡，之所以会这样，是因为你与别人之间的差距不大。由此及彼，你也就弄明白为什么别人会嫉妒你了。

如果你是一个得到上司宠爱的人，要想在自己升职加薪的道路上少一些莫名的流言蜚语，少一些别人故意设置的障碍，你就要拿出自己的真本事，让别人心服口服。上司的偏爱固然有助于你升职加薪，但还有一点非常重要，就是避免上司对你的偏爱遮住你的能力光环，你要时时刻刻保持低调，以免上司在闹得沸沸扬扬的事情中进退两难，被迫收回你的职权。

一朋友的同事，从小家庭条件优越，成绩优秀，一直都是大家眼里的明星，受人瞩目，名牌大学毕业后，顺利进入当地一家非常有名气的企业，从事一份让人羡慕的工作。因为工作表现，也得到了上司的宠爱。

一开始她还保持谦虚谨慎的态度，可是慢慢地，她开始不愿意和同事在一起，甚至对其他同事傲慢无礼。为了满足自己的虚荣心，她还经常在同事面前夸耀自己的成就，在言语中透露出对一些同事的鄙视。

为此，同事们对她颇有微词，于是在工作中处处排挤她，慢慢地她的工作不像以前那么顺利，经常在工作中出现一些差错，领导也不像以前那么器重她，心高气傲的她受不了被冷落，最终选择辞职。

能得到上司的宠爱，自然有你的过人之处。但这并不是你炫耀的资本，切记不要凭借上司对自己的偏爱而炫耀张狂，否则会让同事心生不满，进而排挤、孤立你；上司也会因你的张扬而感到威胁，和你保持距离，削减对你的信任。

得到上司的宠爱后，如果你是一个聪明人，就要在上司对自己宠爱有加时保持低调，注重同事间的和谐相处，和同事打成一片，把自己放在一个合适的位置上，游刃有余地穿梭在上司和同事之间，这就是他们不断升职加薪的智慧。

▶ 锋芒不可毕露，别让你的才华不加掩饰

古语有云："木秀于林，风必摧之；堆出于岸，流必湍之；行高于人，众必非之。"

在竞争激烈的职场竞争中，毫不掩饰自己冲到第一位的人，最终只能给别人做"嫁衣"。而真正的智者却悄悄在人群中积蓄力量，掩盖锋芒，看着别人明争暗斗，寻找一个最佳时机，冲上前去，赚取上司的注意。职场

的竞争讲究的就是韬光养晦，先将自己的锋芒掩藏起来，不引起对手的注意，抓住时机一跃而起。

身在职场不是只要拥有才华就可以无坚不摧。要懂得掩盖自己的才华，在最关键的时刻发挥出来，才是你在职场走稳每一步的法宝。

科振电子公司最近新招了一批很有竞争力的员工，培训一个月之后，公司里准备进行一个比赛，胜出者就可担任部门经理。之所以要在这么短的时间内从新人中选出人选，是因为这个职位已经空缺了很长时间。

管理这些新人的部门主管是一个嫉妒心很强的人，也是公司里的老员工。他非常想坐上部门经理的职位，但是在老板看来，他的学识和能力并不足以胜任这个职位，所以就想要从新招聘的这批优秀的员工中选出。

柴磊是法学硕士，而且相貌才智都无可挑剔，是大家心中的不二人选。可是比赛结束时，却输给了平时并不起眼的彭平。

因为，在比赛快要结束的时候，一个大客户要和公司合作，需要员工去谈判。

最开始柴磊自告奋勇地去和客户谈判但是没有结果。接着部门主管也去和客户进行了谈判，但是仍旧没有结果。眼看这笔大单就要丢了，彭平主动请缨，去和客户谈判。其实，彭平早已做好了准备，不仅搜集了有关客户的所有资料，而且还想好了应对方法。凭着自己的经验和信息，彭平最终说服了客户，拿下了这

第四章
职场是个圈，混不好就成了旋涡

笔单子，这让公司老板十分惊讶。

事后，彭平才知道，由于柴磊在前期表现得太过优秀，主管感觉受到了很大的威胁，于是，在柴磊去和客户谈判的时候，给柴磊提供了虚假的信息，这才导致了柴磊的失败。但是，主管的能力很一般，即使他知道正确的信息，也没能在与客户的谈判中胜出。

公司的这个职位一直空缺着，不是因为没有人胜任这个职位，而是由于主管从中作梗，让优秀的新人出现差错，或者以不同的理由辞退他们。彭平成功的秘诀就是在比赛的前期，他没有让自己锋芒毕露，只显露出能力的八成，让自己看起来像一个平庸的员工，成功迷惑了主管，没有引起他的注意，最后出乎意料地成了部门经理。

有才能是件好事，但如果自我夸耀，就会招致他人的反感，麻烦不断。锋芒毕露不仅达不到宣传的效果，反而会遭到其他人的排挤。不要锋芒毕露并不是销蚀锋芒，而是不咄咄逼人，为了不让同事妒忌，减少不必要的麻烦，适当的时候隐藏起自己才华。

事物都有两面性，锋芒毕露也不是绝对的。如果在不经意之间，你自己都不知道你已经在公司里树下了敌人，情况已经危机四伏，本该属于自己的机遇很可能就会失去。这时候你要做的就要让上司看到你，你就要注意让锋芒伺机而露。

人与人的相处中，你要显得比别人聪明并不是意味着你要处处显现自己的聪明才智，而是要善于藏起你的锋芒。做什么事情都不要锋芒毕露，但适当表现一下，偶尔露一下锋芒，可以给别人留下一个良好的印象，但是一定要把握好度，为人处世不可做得太绝。让别人消除戒心，要懂得先保护自己，收敛锐气等待时机，切忌以自我为中心。

表演艺术家英若诚小时候曾为了试探自己的重要性，在开饭之前把自己藏在了一个不起眼的柜子里，可是直到吃完饭，也没有人发现他的缺席。

自此之后，英若诚明白了：永远不要把自己看得太重要，没有谁会成为永远的夺目者。

自古以来风光的人很多，但风光一段时间之后，能被人记住的又有几个？因此，不要把自己想得太重要，摆正自己的心态，多与公司里的同事打招呼，主动帮助同事们，被分配到无关紧要的小任务时不要妒忌被重用的同事……让自己更好地融入团队，并利用团队的力量，早日实现自己的目标。

在职场中，你再优秀，也不是绝对的无可替代，因此我们不要把自己当作唯一适合这个职位的人，一旦离开这个职位，将有无数的人去代替我们。

认清自身位置的方法很多，比如：询问同事或者朋友，看看他们眼中的自己能力如何；了解与自己同职位的其他职场人。

你可能很有才华，在工作中起到了生力军的作用。但不管怎样，在同事和领导面前你都要懂得掩藏锋芒，不要过于高调，把自己放在风口浪尖的位置。不管你的能力有多强,学问有多大,你始终是为领导服务的,你始终是公司大家族中的一员,只有他们都容得下你,你才能在职场中展现出自己的姿态,得到老板的青睐和提拔。

先下手为强,后下手遭殃,竞争就要提前一刻下手

商场中有一句调侃的话:"一直在模仿,从未被超越。"也有人戏称:"走别人的路,让别人无路可走。"如果没有一点自己的个性和独特之处的人,就永远只能做别人的跟屁虫,永远不可能超越别人。

俗话说:"领先者吃肉,跟风者喝汤。"很多人都明白先入为主的重要性,但是去做的时候,往往忽视了这一点,我们很容易让自己去步别人的后尘,让自己沦为无能之辈。

在我们的工作生活中,处处都有竞争对手,即使你处处设防,还会有人在背后冷不防地"插上一刀踩上一脚"。其实,在一个单位里,每个人的工作都很重要,任何人都有可爱的闪光之处。在竞争面前,无论竞争对手对你做了什么,无论对手让你如何难堪,千万别跟他较劲,先静下心干好手中的工作吧!这样他仍在原地发怨气,而你已完成出色的业绩。如果在竞争对手面前,你总是提前一刻下手,这样你就能占尽先机,获得升职加薪的机会。

在职场中，要想占领先机，让别人跟着自己走，你就得做"领头羊"，而不是"跟屁虫"。

朋友目前在一家外商贸易公司任职。他不抽烟、不喝酒、不应酬。只要是与公事有关的事情，他全部在公司解决。如果一定要在宴席上交谈，那么双方一定都要有家人陪同。

公司里的一些资深客户经理听到朋友的做法，笑朋友不像商场上的人。有人提醒朋友："出单的多少，是与酒量相挂钩的。酒量越大，出单自然越多。如果不能在商场中放开，几乎是得不到订单的。"

朋友听后笑了笑，他不相信那种老套的方法能让自己赢得那么多订单。他凡事有话直说，与客户之间免去猜忌和打哑谜的时间，既让客户省力，也让家人放心。

渐渐地，大家都通过他的独特做事方法，知道了这个人。很多客户非常赏识他的谈判方式，专门找到朋友，表示愿意成为他的客户。

就这样，朋友的客户变得越来越多，他的订单自然也成为了公司里最多的一个。

又过了不久，在事实与能力面前，上司也非常赏识朋友的做法，为了激励其他员工，也为了表彰朋友，免去层层竞选的环节，直接提升他为销售部主管。

第四章
职场是个圈,混不好就成了旋涡

紧跟别人的步伐,将很难为公司创造出巨大的利润。如果一个员工每次在做事情的时候,都是循着别人的脚步,创造不出价值,怎么能够获得上司的青睐呢?

美国畅销书《烈药》中的女主人公西莉亚最初选择药品推销这个行业时,它还是一个纯粹的男性化行业。当西莉亚去应聘的时候,美国制药行业龙头赞尔丁罗恩公司无论如何也不肯接收她。西莉亚并没有放弃,她很快调查清楚,决定她是否能够入行的是公司里一位叫霍索恩的经理,而唯一能够说服霍索恩的,是他的太太莉莲。

西莉亚事先打听好霍索恩经理的住处,然后找到了莉莲,表明了自己的想法。莉莲是一位思想开明的人,她爽快地答应帮助西莉亚说服丈夫。就这样,西莉亚成功地进入了赞尔丁罗恩公司。

然而,这并不是她的最终目的,她希望能够坐上更高的职位。不久,西莉亚利用一次策划为自己争取到了机会,让自己的职位得到了提升。

在赞尔丁罗恩公司,作为老发起人的唯一传人,霍索恩无论是从德行还是能力来看,都是最有希望的下一代领导人。西莉亚明白,要想让自己能够升得更快,就必须跟着霍索恩。

自从认识了莉莲太太,西莉亚就和莉莲成了闺密,好得像一对亲姐妹。而在职场中,西莉亚也紧随着霍索恩经理的提升亦步亦趋，当霍索恩变成公司最高领导人的时候，西莉亚也自然变成了公司里仅次于霍索恩的职位的人。

要想在职场中得到更快的升迁，只具备忠诚、负责的品质是远远不够的。一个眼里只有工作的下属，获得上司认可的机会是微乎其微的，得到上司提升的机遇更是几乎为零。想要快速升迁，你除了在做出成绩之外，还要走在别人前面，让上司最先认可你，而做到这一切最好的方式就是你应该贡献自己的力量去协助上司。

我们想比别人更早地升职加薪，就要时时刻刻走在别人前面，占尽先机。

CHAPTER 05
第五章

要想升职加薪，得先拥有升职加薪的资本

GET PROMOTION
PAY RISE BE GENERAL
MANAGER

▶ 薪水不是老板发的，价值是自己定的

老一辈的人总说，人总是在最困难的时候才能真正认识自己，这句话很有道理，古人都知道逆水行舟，逆境中前行才能看到自己真正的价值。

惠普公司前任董事长兼首席执行官卡莉·费奥瑞纳女士是世界第一女CEO，她的职业生涯是从秘书工作开始的。通过不断学习营销、运营、统计和其他一些商业社会所必需的技能，她才一步步走向成功，最终拿到了令别人羡慕的薪水。

卡莉·费奥瑞纳学过法律，也学过历史和哲学，但这些都不是她拿高薪的必要条件。卡莉·费奥瑞纳并不是技术出身，在惠普这样一家以技术创新而领先的公司，她是通过扩展自己的工作技能赢得高薪的。她说："不断学习是一个CEO成功的最基本要素。"她总是在工作中不断学习各种技能，不断总结过去的经验，

第五章
要想升职加薪，得先拥有升职加薪的资本

不断适应新的环境和新的变化。

事实上，卡莉·费奥瑞纳刚开始工作的时候，也曾做过一些不起眼的简单的工作，但后来她最大限度地在工作中学习新的技能，使她理所当然地迈入了成功的大门。

卡莉·费奥瑞纳拿高薪的事例告诉我们，高薪并不是一跨入公司的门槛就能获得的，而是通过不断学习，扩展新的工作技能，增加自己的工作能力获得的。作为一名员工，要想谋取高薪，就必须在工作中不断学习并汲取新的知识，不断提高自己的价值，为未来的成功打好基础。

在职场中，你得知道你有怎样的价值，如果你连自己的价值是多少都不知道，那么你凭什么要求加薪，从根本上来讲你的薪水是由你自己决定的。你为公司创造了多少价值，公司就会付给你相应的薪水，它代表着你的成绩和个人成就，你的价值决定着你的分量。许多穷忙族往往看不到这一点，他们只看到自己的薪水太低，却看不到自己的价值太轻。

据说，"打工皇帝"唐骏年薪超过1亿元，他的身价为什么这么高？老板为什么舍得出如此高的薪水把他请到自己的公司工作？这很值得职场人深思！

唐骏刚进微软就职时，只是一名最基层的程序员。当时，公司正在开发Windows系统，首先开发的是英文版，开发出来之后，再由一个300多人的大团队开发其他语言版本。以中文版为例，并不只是翻译菜单那么简单，许多源代码都需要重新改写一次。

比如，Word 里打完一行字自动换行，英文是单字节的，中文却是双字节的，如果照英文版来，一个"好"字，可能"女"在上一行末尾，"子"就到了下一行开头。为此，300 多人经过不懈努力，经过了大半年，才开发出称心如意的中文版。这就造成了最初的 Windows 英文版上市 9 个月后中文版才上市。到了 Windows 3.1 时，中文版上市时间更是比英文版滞后了 1 年多。唐骏埋头开发了 10 个月后，越想越觉得不对劲：公司常年雇那么多人做新版本，成本太高，全球各语言版本推迟那么久上市，实在是贻误良机。能不能改进一下？基于这种想法，唐骏开始动脑筋琢磨怎样才能解决这个问题。半年后，他写出了几万行代码，通过反复运行，他觉得自己的程序经得起检验。于是，他找老板面谈。公司又花了 3 个月验证，证明他的程序可行，结果，原来 300 人的团队一下子缩到了 50 人，唐骏得到了提升、加薪，并成了微软的名人。后来，唐骏又坐上了微软（中国）总裁的位置，还赢得了微软很少颁发的"比尔·盖茨终生成就奖"。

唐骏曾经说过："我是一个职业经理人，我的价值不就是多为公司创造一些价值吗？"他之所以能从一名普通打工者成为一名年薪上亿的高薪成功人士，是因为他始终抱着这样的信念：要使自己的工作所产生的价值远远超过所得到的薪水。

这个事例启发我们：只有向老板展现出你的价值来，老板才会相应地付给你更多的薪水。价格由老板决定，但价值由自己创造。很多成功的高

第五章
要想升职加薪，得先拥有升职加薪的资本

薪人士都用实际行动证明了这一点。一名员工，一定要想办法展现自身的价值或者提高自己创造价值的能力！你要相信，只要你有能力为公司创造更多的价值，老板就会很乐意为你加薪。

在职场这个大染缸里，无论是处于生产车间里的最底层的普通工人，还是在市场第一线行走的销售人员，或者是一名总经理，无论别人处于一个什么样的位置，这都是他们凭自己的价值获得的报酬，他们创造的价值值得拥有这样的薪酬。在职场中，老板心里其实跟明镜似的清楚，他们不怕你拿高薪，关键是你能否把自己的工作做得富有成效，为公司创造出更大的价值。换种说法，高薪员工的最高境界就是在工作中让老板看到他们的价值，主动给他们加薪的机会。

那么，我们自身的价值在职场上怎样才能展现得淋漓尽致呢？你该做的有以下几点：

第一，多为公司做贡献。 你要积极行动起来，融入自己所从事的工作中，努力发挥自己的才能，尽自己的最大努力，为公司创造更多的价值。

第二，增强自己的竞争力。 为老板创造更多的利润。你的竞争力越强，机会就越多，价值就会越高，你为老板创造的利润也会越多。这样，你的薪水自然就会多了。

第三，勤于思考，钻研业务。 要想成为职场上的佼佼者，你必须做一个爱思考、爱钻研的人。在工作中，你只有自己用心去思考、去钻研业务，你才能不断创新，少犯错误，提高业务能力，提升自身价值。当你的价值提高了，你的薪水也会成正比增长。

第四，让自己增值。 当老板不给你加薪时，很可能不是老板故意不给

你加薪，而是你的能力和经验还没有达到相应的水平。这时，如果你能提升自己的能力，丰富自己的工作经验，不断增加自身的价值，你想让老板给你加薪就不难了。

◐ 老板永远希望你做摇钱树，而不是寄生虫

"微软之父"比尔·盖茨曾对他的员工说：我们赚的每一分钱都来之不易，都是我们的血汗钱，所以不应该乱花，应花在刀刃上。老板都喜欢为公司省钱且能创造财富的员工，如果你希望老板给你加钱，首先你要学会为公。省下的就是赚到的，在职场中，每一位员工都应该具有这种理念，这样才能使公司赚取更多的利润，同时自己也才会从中获益。任何一点微不足道的浪费都有可能导致成本的急剧攀升。在维持公司运营的情况下希望员工能够主动替公司节约成本是所有老板们的共同想法。如果你赚的钱还不够支付你的薪水，他还会考虑给你加薪吗？你没有做成摇钱树反而做了寄生虫，你还奢望老板给你升职吗？

我有一个朋友大学毕业后，幸运地成为一家世界500强公司的职员，这里办公环境好，报酬丰厚，因此他工作十分努力，也做出了一些业绩，为公司赚了钱。于是私下向老板要求加薪。不久，

第五章
要想升职加薪，得先拥有升职加薪的资本

他被老板召见，心里满怀希望。

让他想象不到的是，老板说：你这一年的工作情况很好，也为公司赢利做出了贡献。按理说，我本该给你加薪。不过，根据我的观察和记录，你在一年中的出差成本要比其他同事的高出30%，从你的报销单可以看出，你从来没有考虑过出租车之外的交通工具，对旅馆提供的免费早餐也置之不理，而是额外用餐。另外，你领用的办公用品的数量也几乎是其他员工的2倍，而你拿给我的工作报告一向都是在崭新的打印纸上打印的……的确，你为公司赚了钱，但你不懂为公司省钱，也耗去了不少钱。所以，你加薪的事还是以后再说吧。

在《省心录》里记载着这样一句话："上节下俭者则用足，本重末轻者天下太平。"角度转移到现今社会各个企业和公司里是同样的道理。

作为员工，职责是为公司创造更多的利益，这"摇钱树"，钱还没摇多少，就花去了一堆。可见不懂为公司省钱，反而想让老板给你加钱是不可能的事情。其实，任何老板都很有成本概念。要知道，公司里的一草一木都是他辛苦经营挣来的，来得都不容易，能不浪费就绝不浪费。花起公司的钱大手大脚，没多大成本概念，只顾自己用的舒服，哪个老板能容自己的员工这样随便浪费呢？

善于为公司省钱的员工，一定是具有节俭精神的好员工。他们无论做什么事情，都会首先从公司的角度去思考，把自己当成公司的老板，处处为公司的利益着想。当你为公司着想时，你其实也是在为自己着想；当你

为公司省钱时，你其实也是在为自己省钱。

为公司省钱，其实就是为自己谋福利。为什么这样说呢？因为公司的生存和发展与公司里的每个成员息息相关。一名员工只要进了一家公司，往俗里说，公司就是你生存的基础，是你的饭碗。大锅里有饭，你的碗里才有可能装满；大河里有水，小渠才不至于干涸。这既是公司发展的需要，也是每位员工立身的根本。

在职场上，任何一位老板，无论生活中多么大方豪爽，他都喜欢那些懂得为公司省钱的员工。所以，你要想让老板给你加钱，你就要处处为公司着想，事事为老板省钱，能少花一分就少花一分，能少花一角就少花一角，一丁点都不要浪费。在职场上如何省钱，做到以下两点便可：

首先，节约从小事做起。 要为公司省钱，你就必须把节约的观念植根在脑海里，不管有没有人监管，你都要注重节约。节约不是为了摆摆样子，做做表面文章，而应该是一种自觉意识。一些行为看似微不足道，比如及时关灯、关水龙头，天长日久积累下来，节省下来的就是一大笔钱。如果每个员工都在工作时节省一点点原料，累积起来，就会为公司节约很多成本。节约其实没有大小之分，做好了小事，在小处注意节约，一样能为公司省大钱。

其次，处处为公司着想。 这就要求你首先站在公司的立场上去思考问题，把公司的利益放在第一位。你要经常思考诸如此类的问题：公司的钱从哪里来？如何花才能最节省？怎样才能花最少的钱办最多的事？会为公司省钱的员工，大都有一个显著的特点，那就是他们在办事时总是认真思考：怎样才能花最少的钱把事情办成，把工作做好。

第五章
要想升职加薪，得先拥有升职加薪的资本

两匹马各拉一辆木车。前面的一匹走得很好，而后面的一匹常停下来东张西望，心不在焉。于是，人们就把后面一辆车上的货挪到前面一辆车上去。等到后面那辆车上的东西都搬完了，后面那匹马便轻快地前进，并且对前面那匹马说："你辛苦吧，流汗吧，你越是努力干，人家越是要折磨你，真是个自找苦吃的笨蛋！"

来到车马店的时候，主人说："既然只用一匹马拉车，我养两匹马干吗？不如好好地喂养一匹，把另一匹宰掉，总还能拿到一张皮吧。"于是，主人把这匹懒马杀掉了。把马换成人，雇主当然不会把不称职的员工杀掉，但肯定会解雇他。而剩下的那匹马，似乎表现得是"自讨苦吃"，但后来却成了主人不可替代的拉车马匹。

可能一开始没那么平等，但在最后很多事物都是公平的，如果别人能成功，而你不能，那么只能说明问题出在你自己身上了。不能获得成功，不能实现自己的价值，不要去抱怨别人，任何为自己推脱的理由都是自欺欺人，在别人跟你享受同等待遇的时候，创造出的价值远远大于你，像这两匹马一样，吃着一样的食物，走着一样的道路，为什么偷懒的那匹被杀掉了？老板也不会允许自己手下的职员像"寄生虫"一样待在自己身边。

小富由俭，大富由天。只要你愿意，你就是你老板的摇钱树，你也是你自己的摇钱树。

● 走别人从未走过的道路，做好业绩

在职场上，业绩才是硬道理。业绩是加薪的通行证，是加薪的前提。为公司创造业绩就是为自己加薪。如果你整天为加薪之事烦心，那请你首先拿出傲人的业绩来。傲人的业绩需要你的勤奋和创新，你得走跟别人不一样的道路。

很多穷忙族之所以薪水很低，加薪很难，一个很大的原因就是他们做不出业绩，或业绩太低，没有加薪的资本。一位房地产销售总监说："所有企业的管理者和老板只认一样东西，就是业绩。老板凭什么给我高薪？最根本的就是看我所做的事情能在市场上产生多大的业绩。"这是个以业绩论英雄的时代，业绩才是一名员工加薪的最大资本。

不管你在公司里的职位如何，要想在公司里成长、发展，抵达自己的目标，你都需要用业绩来实现梦想。只要能创造业绩，无论在什么公司，你都能得到老板的器重，得到加薪的机会。因为，业绩是公司发展的决定性条件。能创造业绩的员工是公司最宝贵的财产。

方瑜是一名退伍军人。5年前，经一位朋友介绍，他到一家兽药公司做渠道拓展专员。在此之前，方瑜从来没有接触过这个岗位，在开始的工作中会遇到很多困难，业绩也不怎么理想。但他并没有就此退缩，而是一边学习业务知识，一边向老员工请教。

很快，方瑜就掌握了做事的方法和技巧，开始单独与客户洽谈。在进公司的第4个月，他签订了一份大合同，他当月的工资

第五章
要想升职加薪，得先拥有升职加薪的资本

比前3个月的总和都要高。

进入公司的第3个年头，方瑜已经成了公司最为倚重的营销主管，整个公司近一半的业绩都是他和他的团队创造的。公司员工没有一个人嫉妒他的高薪，因为他们知道，方瑜所获得的高薪都是靠他创造出来的一个又一个业绩赢得的。

在市场竞争如此激烈的今天，老板首先考虑的是公司的生存与发展，以及公司利润的增长。因此，老板心中能够加薪的员工，一定是业绩斐然的员工。

如果你业绩平平，或总无业绩，即使你很忠诚，老板想给你加薪也会犹豫不决，因为他不可能牺牲自己的利益，去换取你的利益。更进一步说，受利润的驱使，再有耐心的老板也难容忍一个长期无业绩或低业绩的员工留在自己的公司里。你要时刻牢记：创一流业绩才能拿高薪。

在这个市场竞争异常激烈的时代，无论是公司还是个人，希望得到的一切都只能从业绩中来。公司要发展壮大必须不断创造业绩，个人要想拿到高薪也必须有较高的业绩。可以说，业绩就是一切。业绩是检验优劣的标准，是证明能力的尺度。业绩就是价值，一个品牌的价值是伴随着业绩一步一步成长起来的，一个人的价值也是由工作业绩体现的。有了高业绩，才能有高薪水。可很多穷忙族并不懂得这个浅显的道理，不知道自己的薪水从哪里来，不知道是什么决定了自己的职场位置。更可悲的是，不知道自己如何成为业绩好的员工。这就造成了他们不愿看到的结果：能力低下，业绩不高，收入微薄。

那么，如何才能用业绩换来加薪的机会呢？你需要明白下面几点：

第一，要有结果意识。 老板看重的是结果。竞争残酷无情，不论你付

出多少努力和心血，你拿不出好的业绩，那么，老板就会觉得付给你的薪水纯属浪费金钱，更不要说加薪了。因此，你一定要有结果意识，不管你跑也好，跳也好，只要能创造出更多的业绩就行。

第二，给业绩定个目标　你要做出多少成绩，你心中一定要有个较高的切实可行的目标，并坚定不移地朝着这个目标努力。有了目标，你就有了做出业绩的推动力。

第三，让老板知道你的业绩　光做出业绩还不行，你还必须让老板知道你的成绩。如果老板不知道你为公司做出了多少成绩，那么，即使你业绩斐然，他也想不到给你加薪。因此，要求老板加薪时，你一定要认真写好业绩报告，突出自己所取得的成果。

总之，你要记住：业绩与薪水挂钩，业绩越多，薪水越高；业绩越少，薪水越低。然而想创新业绩的唯一通路就是想别人未曾想的，走别人未曾走过的路。

▶ 你的言行举止，必须与公司利益保持一致

常言道，字如其人，从一个人写的字上能看出这个人的品性。同理，在职场上，看一个人所做的工作，就如见其人。

在职场中，公司的利益与员工的利益是一致的，公司是员工实现自身

第五章
要想升职加薪，得先拥有升职加薪的资本

价值的载体，如果我们能为公司创造更大的价值，老板自然也不会视而不见。我们应该学会换位思考，多从老板的角度来考虑问题。你所具有的工作能力和工作态度，不但与你的工作业绩有很大关系，而且对于你的个人品格也有重要影响。通过观察工作结果，就可以知道一个人的人格特征，也就是说，你必须时刻注意自己在公司的言行举止。

分享一个前不久我听到的来自《史记》的小故事，大致内容是这样的：

> 汉五年，诸侯在定陶共尊刘邦为皇帝，他把秦朝烦琐严苛的礼仪都废除，只留下简易的礼节。但是有利必有弊，朝廷的规矩没了，群臣饮酒争功，醉了就在宫殿上大呼大叫，有的甚至拔剑击柱，闹得不成样子。刘邦很是苦恼，儒生孙通知道皇帝开始厌恶这种现象，就建议重整礼仪，并征儒生三十人，用一个多月的时间练习排练，刘邦看后十分满意，乃令群臣练习。汉七年，长乐宫建成，召集群臣朝贺。庭中排列车骑卫卒，旗帜招展。功臣列侯诸将军依次列西方，文官丞相以下依次列东方……于是皇帝乘辇出，自王诸侯以下莫不振恐肃静。礼毕，诸臣依次为皇帝祝酒，行酒毕，御史立刻执举止不符合礼仪的大臣离去，直到宴会结束，满朝大臣没有敢喧哗失礼的，高祖感叹："吾乃今日知为皇帝之贵也。"

我讲这个故事，不是我有封建残余的思想，也不是说要关起门来做土皇帝。而是说，这个故事和我们现今企业的现实情况有相似之处。

旧社会给别人做事的人都知道这句话："进人家的门，端人家的碗，就

要守人家的规矩。"

企业草创阶段，只讲效率和实效，把事做了就完了，不会讲究礼仪规范。就好比刘邦打江山的时候，脑袋别在裤腰带上出生入死，只要打胜仗得天下就行了，哪里顾得了繁文缛节。但这只是企业初步的规模，无论是什么事，想要做大决定，就要向高的管理层次进步，就要追求制度化和规范化，注重企业展示给社会的形象。而实行规范化和制度化首先就是严格制定企业礼仪规范。这就像故事里刘邦做了皇帝，要使国家长治久安，就要依法治国，依法治国的首要就是重整礼仪。刘邦用礼仪培训迅速把自己的团队从"山大王级别"变成治理国家的"国家机器"，才有了以后几百年铁打的汉朝江山。同理，在现在的职场也是这个道理，想要更长远地发展，就必须有一定的规矩，而我们作为职员要切记自己的言行举止、在公司的形象，这些都会侧面反映这家公司的水平，关系到公司的利益。

在职场中，你的各种举止是否符合礼仪规范是企业的首要规矩。如果是职业生涯开始就到一个制度完善、礼仪规范森严的企业工作，顶多是不适应，但不会出大问题，并且适应一段就会跟上。

没有规矩，言行举止不恰当，这不仅不成方圆，也会使一个成长型的企业工作在前进的道路上困难重重，得不到客户的尊重与信赖。有规矩但规矩不完善，对个人的要求其实也更高。个人没有系统受过礼仪规范的培训和教育，企业也没标准的要求。但是随着企业的发展，要求也会相应地提高。这就要求这些职业经理人一边自己通过修养提高，靠进步跟上或超过企业不断提高的要求。就好像故事里跟高祖打天下的功臣，就连高祖都是一个亭长出身，至于樊哙，不过是杀狗卖肉的。随着水涨船高，做到了

第五章
要想升职加薪，得先拥有升职加薪的资本

皇帝、将军，马上可以得天下，但不能在马上治天下，还得一边治理国家，一边再做学生，从头学礼仪，学规范。不断提高自己修养，注意举止符合礼仪规范，是企业的首要规矩，是提高职业经理人自身形象的法宝，是企业发展到一定阶段的必然要求，也是一个职场人要提高个人修养的开始。

▶ 按时完成工作算及格，业绩突出还需多做一点点

哈佛大学励志名言里有这样一句话：每次你多做一些，别人就欠你一些。让别人做得更好，同时提升自己的价值。善于钓鱼的人选用鱼喜欢的饵。你不能让所有人都喜欢你，却能减少别人讨厌你的原因。与人协商而不产生摩擦，是有待学习的一大课题。多做一些，机会将随之而来。

一个成功的推销员用一句话总结了他的经验："你想要比别人优秀，就必须坚持每天比别人多访问五个客户。"这不是简单的事，这是一种坚持一种执着。人们常说，无论何时何地，只要创造就会有收获，只要我们在平凡的岗位上，坚持每天多做一点，终会"柳暗花明又一村"。

张俊超生活在一个工薪阶层家庭，因为兄弟姐妹比较多，他刚刚高中毕业，便不得不放弃上大学的机会，到一家百货公司去打工。但是他不甘心就这样工作下去，每天都在工作中不断学习，

想办法充实自己，努力改变自己工作的境况。

经过几个星期的仔细观察后，他注意到主管每次总要认真检查那些进口的商品账单。由于那些账单用的都是法文和德文，他便开始学习法文和德文。

有一天，他看到主管十分疲惫，就主动要求帮助主管检查。由于他干得很出色，以后的账单主管就让他接手了。

过了两个月，他被叫到一间办公室里接受一位部门经理的面试。这位部门经理的年纪比较大，他说："我在这个行业里干了40年，根据我的观察，你是唯一一个每天都在要求自己不断进步、不断在工作中改变自己，以适应工作要求的人。从这个公司成立开始，我就一直从事外贸这项工作，也一直想物色一个像你这样的助手。因为这项工作所涉及的面太广，工作十分繁杂，对工作的适应能力要求也特别高。我觉得你是一个十分合适的人选，因此选择了你，相信你不会让我失望。"

尽管开始的时候，张俊超对这项业务一窍不通，但是，他凭着顽强的毅力和不断钻研的精神，使自己的业务能力迅速得到了提高。半年后，他已经完全胜任这项工作。一年后，他接替了那位经理的工作，成了这个部门的新任经理。

其实他什么都没做，只是主动去做他本可以不做的事，比别人多做了一点。职场中有一些人只有被人从后面催促，才会去做他应该做的事。这种人大半辈子都在辛苦地工作，却得不到提拔和晋升。反之，在工作中抱

第五章
要想升职加薪，得先拥有升职加薪的资本

着积极主动的态度，努力改进自己的工作，驱策自己不断前进，才会使自己从激烈的竞争中脱颖而出。

比该做的多做一点，这几乎是事业成功者高于平庸者的秘诀。

美国有一句谚语："通往失败的路上，处处都是错失的机会，坐待幸运从前门进来的人，往往忽略了从后门进入的机会。"然而遗憾的是，在职场上，我们大多数人都有被动工作的坏习惯，从不会主动去做老板没有交代的工作，甚至老板交代的工作也要一再督促才能勉强做好。这种被动的态度必然会导致一个人的积极性和工作效率下降。久而久之，即使是被交代甚至是一再交代的工作也未必能把它做好，因为他习惯于想方设法去拖延、敷衍。

要想在职业上取得业绩，需要人们付出，需要人们主动去做一些相关的工作，在对工作勇于负责的前提下，每天自动自发，自觉自愿将工作干好，每天都使自己有所创新，才能够成为一个卓越的职场员工。

亨利·瑞蒙德在美国《论坛报》做编辑时，一个星期只能挣6美元，但这没有消减他对工作的热情，他总是工作很长时间。他在成为美国《时代周刊》总编后这样说："为了获得成功的机会，我必须比其他人更扎实地工作，当我的伙伴们在剧院时，我必须在房间里，当他们熟睡时，我必须在学习。"

很多的事实告诉我们，在自己力所能及的范围内多做一点，只会让自己受益无穷。如果带着一种不平衡、计较得失的心态去面对工作，计较比别人多做了一点，计较自己拿的报酬比别人少，那么，你只能一直平庸下去，一直抱怨下去。

著名心理学家约翰·坦普尔顿通过大量的调查研究，得出一条结论：取得突出成就的人与取得中等成就的人几乎做了同样多的工作，他们所做

的努力差别很小——前者只是多花了几分钟的时间。然而就是因为这几分钟让工作结果大不一样。

我们对于工作的态度可能局限在怎样把自己的本职工作做完，但是并没有想过要多干一点点。可是，就是这一点点，可能会让老板对你刮目相看。

在职场上，很多事情只要能率先主动一点，体现的就是不一样的个人能力和品质。有机会展现自己的能力是好事，既然有能力，就需要用事实来证明能力的存在。如果一个销售员想要证明自己有能力，就应该每天比别人多访问几个客户，工作成绩提高，能力才能得到体现。

美国著名出版商乔治·齐兹12岁时，便到费城一家书店当营业员，他工作勤奋，而且常常积极主动地做一些分外事。他说："我并不仅仅只做我分内的工作，而是努力去做我力所能及的一切工作，并且一心一意地去做。我想让老板承认，我是一个比他想象中更加有用的人。"工作中，你能比别人多做一点点，多主动一点点，就会获得不一样的成绩，获得不一样的回报。每天努力一点点，日积月累，你就能比别人多做很多事情，老板如果不重视这样的员工，那只能说明他没有眼光，并不能说明你没有能力。千万不能因为自己主动多做了一点点，没有马上得到老板的重视就开始消极，让主动权从自己手中溜掉。

告诉自己，我是一个不一般的人，我将会和别人做不一样的事，我要比别人多做一点点，每一天将会更充实。是的，每一天都多做一点，这一个小小的习惯就能体现一个人最珍贵的素质，在被动的驱使和主动去做这两者之间，如果选择主动，结果会大不一样。这种习惯能让人们变得更加敏捷、更加积极，只有采取率先主动这一战术才能成就优秀和卓越。

CHAPTER 06
第六章

能力很强大,老板未必给你升职加薪

GET PROMOTION
PAY RISE BE GENERAL
MANAGER

▶ 为什么你总和升职加薪擦肩而过？

每个企业里面的员工几乎都有这样的心理，希望通过自己的努力，得到上司的认可，进而升职加薪，可是每当到升职加薪的时候，老板似乎将自己忘记了一般，升职加薪与自己总是无缘。尤其是在新年度的开始，看到身边的许多好朋友都升职加薪了，再看看自己依然原地踏步，心里难受的滋味可想而知。也并非是这些员工不努力，或者表现不好，可是任凭这些员工使出浑身的解数，依然与升职加薪擦肩而过？为什么别人加薪如同喝水一样容易，但是自己加薪或升职却总是缺乏临门一脚呢？如果公司刚好有一个主管职缺，但总欠缺临门一脚的你，又该在老板考虑升谁之际，做哪些努力呢？

我的一个朋友在一家公司工作5年了，依然是一个普通得不能再普通的员工，薪水虽然较刚来单位时有所提升，但那提升的速度比蜗牛还慢。这种情况下，许多人或许早离开这个单位了，

第六章
能力很强大，老板未必给你升职加薪

可是这个朋友是一个安于现状的人，每到一个地方他就想顺风顺水地长久地待下来，有的朋友一年也得换三四家公司，但我的朋友从毕业进入这个公司之后，一直在这里，用他的话说就是越来越懒不想挪窝。他身边的朋友频繁地跳槽，越跳工资越高，职位也越高，这让我的这位朋友纳闷。自己不跳槽那是忠于公司，虽然业绩不突出至少自己很努力，虽然不喜欢溜须拍马屁，但与老板关系还不错。没有功劳也有苦劳，没有苦劳至少有疲劳！但是就是没有升职加薪的机会，每次他都感觉上次没有给自己升职加薪的机会，这次肯定有自己一份，可是，每次升职加薪好像与自己有仇似的绕着自己走了，往往升职加薪的反而是那些刚来公司不久的人，这越发让我的这个朋友受不了，再怎么说自己也是一个元老级人物啊！可是，这些话只能在心里说。他因为这些事情老想不通，本来还算开朗的性格变得越来越沉默寡言。

在一次同学聚会上，我旁敲侧击问出来一点东西，恰好，另一个已经是一家拥有上千人公司的人事经理的同学听到他的情况后，说他有办法帮助解决，并让我的朋友第二天去单位找他聊聊。第二天，我的朋友聊完之后兴奋地回来了，看来找到解决问题的答案了……

我们要明确认识到，我们单纯埋头苦干不等于就是好员工，要想获得上司的认可，得到提升，需要"职业谋略"，适当地向上司施加影响力，工作中能够超越领导的想法，显示管理才能及欲望，那么具体该怎么做呢？

下面我将我这位人事经理朋友的处方告诉大家，看看是否对自己有用。

第一、要表现好 这里的表现好不是简单地不迟到不早退，而是该展示自己的时候充分地展示自己，该做表面工作的时候还得做好表面工作。虽然表现好和升职加薪之间没有必然联系，但是能干是升职最重要的基础。公司是否让你升职，更重要的是看你能否胜任"上头"的那个职位，但会做人永远是升职加薪的必备条件。所以，永远不要再想这样的傻问题——我好优秀哦，老板是不是瞎眼呢……老板之所以成为你的老板，就是因为他比你耳朵更"聪"、眼睛更"明"。

第二、业绩好 每个企业的老板都希望自己的员工能够成为自己的摇钱树。那么如何成为老板眼中的摇钱树呢？最根本的表现就是做出业绩并让老板看到。对高阶经营者来说，决定一个人是否升职加薪的关键因素，还是在于"你对于企业有多少的贡献度"而定，这里所说的"贡献度"不单指业绩上的实质贡献，还包括了你的专业能力、管理能力，以及你的领导能力。

第三、人际关系好 不仅要与同事处理好关系，还得与老板处理好关系，因为这些人都可能成为影响你升职加薪的绊脚石。与同事处理好关系，最关键的一点就是谦逊学习，认真观察那些职位比你高的同事，观察他们到底哪些地方比你强。尤其是，他们在公司里面扮演的哪个角色，是你所不明白，甚至你所不齿的。基本可以这样说，你觉得他们不如你的地方，很可能正是人家的优点和你的缺点所在。与老板处理好关系的根本一点就是该拍马屁的时候还得拍，但一定得注意拍的力度，该劝谏的时候，能够直接说的就直言不讳地说，不能直接说的不妨拐弯抹角地说，但前提是一定要表达清楚，这样你的目的就达到了。

第四、团队合作好 单枪匹马的时代一去不复返了，一个人要想在单位干出卓越的成绩，必须需要一个或者多个团队的合作。每个团队里的人的素质参差不齐，所以在合作的时候要懂得包容别人，这样才能够合作成功。对于别人的帮助一定要懂得感恩与回报。那些不依靠团队力量，只知道自扫门前雪的人是永远不可能成功的。

听说我的朋友在上周升为部门主管了，祝贺他吧！

学会聪明地向老板抱怨职位与薪水

在职场有这么一句话：你的职位和薪水不仅是做出来的更是谈出来的。很多人以这句话为挡箭牌，壮着胆子去找老板谈加薪的问题，可是成功者往往很少，这是为什么呢？因为很多人犯了最忌讳的一条，那就是"狮子大开口"。很多人没有为公司创造多少利润，却觉得自己是公司里最能干的，所以提出加薪的浮动率往往让老板觉得这是自不量力。研究表明，要想成功加薪，那么涨幅最好控制在10%以内，这几乎是老板所能承受的最高限度。即使自己所体现出来的价值再高，加薪也要讲个"度"，不要一想到加薪就想要最多的钱。其实只要能加，怎么加都行。退一万步说，就算是不能加钱，加点别的也可以。奖金、提成、红利、机会等，都应在你的考虑范围之内。

但是，在职场有这么一群人，他们一想到加薪，就紧盯着钱，找老板进行加薪谈判时，他们总是死死盯着钱不放，就像斗牛死死地盯住那块红布一样，被加薪冲昏了理智，一提就要求提升30%、50%，甚至更高。这种做法是极其肤浅和愚蠢的。劳动力也是商品，薪水是你工作能力和自身价值的体现。在正确认识自己的工作能力和自身价值的前提下，提出合理的薪酬要求，其实并不是过分的行为。但是，你不能太贪婪，如果你一要求加薪就狮子大开口，那么，你肯定会被老板拒绝，而且印象肯定也会大打折扣。

加薪，可以通过很多替换方式来实现，千万别忽略了以福利形式体现的隐性薪酬。对于一些非现金报酬，老板会比较容易接受。当然，要确定这些方案在实践中都切实可行。

其实，我在这里要告诉大家的是你利用什么策略才能够让老板痛快地给你升职加薪？那就是"抱怨"，而且是"聪明地抱怨"，俗语道"会哭的孩子有奶吃"，在你看来很低的工资，可能在老板的眼中却还是很高的，如果你不站出来"聪明地抱怨"几句的话，老板未必就能够意识到这点。但是切记一定要学会"抱怨"，如果你不是"聪明地抱怨"，那么只能弄巧成拙，还可能激怒老板，最后让你背着铺盖走人！

"抱怨"是在表达内心的不满，如果一味地压抑自己，或者假装很冷静，很平和，反而会让你的压力倍增，不仅不利于解决问题，而且还能将问题复杂化。向老板抱怨的时候应该不只是让老板感觉到你的不满，更是希望老板能够理解，或者提供某些帮助和疏导，缓解员工的情绪，进而营造和谐愉快的相处氛围。那么怎样抱怨才能算是"聪明的抱怨"呢？把握以下几点就可以做到。

首先，要明确你的诉求。要明确导致你情绪困惑的最根本原因是什么，而且要用简单明了的词语表达出来，还要表达出自己期望改善的具体事项

第六章
能力很强大，老板未必给你升职加薪

是什么？比如是最近工作忙，压力大想请假休息几天这样的话，这样老板一听就明白了。如果你告诉老板自己很心烦很惆怅这样的词语，老板就会不明白你的真正目的，不明白你的真正目的，做出的处理结果怎么能让你十分满意呢？

　　其次、选择有效的倾听者　　一定要选对倾听者，如果你说给那个无力改变你现状的人听，那么你的抱怨就只是抱怨，是情绪的发泄。甚至当他们的同情和忍耐发挥到极限的时候，你将会更加无处倾诉，自我压抑。所以要想"抱怨"，必须选对一个有效的倾听者，比如说掌握实权、能够解决你困扰的上司，或者是你的心理医生，最终将你的抱怨转化成为一种建议或者宣言，这样才具有实际意义。

　　再次、抱怨要选对场合、地点、时机　　一定不要在工作期间或者非常正式的场合进行抱怨，这样会让人感觉你缺乏起码的专业素质，会让老板觉得你整天的时间没有工作，尽是想着抱怨。最好的抱怨应该选择在下班后或者闲暇的时间，这样即使被别人拒绝，双方也都不会显得那么尴尬，这一点尤其适用于上级和下属之间。虽然说话的内容也并不美好，但你选择的时间场合充分尊重了对方的身份，反而能使抱怨听起来更加诚恳。如果你的抱怨不分场合地点，而且无休无止，那么最终导致的结果就是你成了人见人烦、狗见狗咬的对象。

　　最后、任何时候都不要将话说得太绝对　　在抱怨的过程中应当"就事论事"，坚决避免任何带有恶意人身攻击、侮辱、毁谤性质的言语。当你的抱怨听起来更像是对某个具体当事人的否定和抗议时，这场抱怨很容易转化为直接的矛盾对立冲突，实在不明智。

● 向老板提升职加薪一定要审时度势

每个人在职场的地位都是平等的，我们有权利去获得属于我们的东西，包括升职加薪。但是有时候我们工作了很多年，老板并没有给你升职加薪，那么此刻就需要适时提出加薪的要求，你这样做是你积极争取自己的利益，没有什么不可以。薪水是一个人的价值体现，高薪是一个人价值被认可的表现。水往低处流，人往高处走。因此，为了实现自己的价值，走向成功，要敢于提出升职加薪的要求，但是一定要时机成熟，否则是不可取的。

升职加薪一般老板不会主动提出，所以，我们主动申请加薪就摆在了我们的面前。但是什么时候申请？该怎么申请？如何开口？如果老板不答应怎么办？一系列问题都摆在了面前。很多时候因为犹豫错失了升职加薪的机会。但他们从未想过：不能适时提出晋升请求，会让他们失去一次绝好的晋升机会。其实，申请升职加薪能否成功一个关键的因素就是时机，时机把握得好，老板很愉快地答应了，时机把握得不好，很有可能失败，甚至被老板炒了鱿鱼。

每当一个公司要提升某个职位的领导时，消息会很快在公司蔓延，面对这个机会，蠢蠢欲动的你要不要主动找上司反映自己的愿望、提出晋升的请求呢？如果我们不去请求，很可能就会失去机会；而如果我们去请求，又担心上司会认为自己过于自私、争名夺利。究竟该怎么办呢？其实，实事求是地向上司反映情况，提出自己的渴望和请求，绝不是自私和争利，而是对自己负责的表现。如果你不去提出晋升请求，那你只能自己对不起

第六章 能力很强大,老板未必给你升职加薪

自己了。在一个单位或者部门里面,职位总是很少的,尤其是高职位,很多人都希望自己能够获得这个岗位,所以竞争相当激烈,如果你不去主动出击争取,那这个机会相当于你拱手送给别人了!

> 某业务部门因为业务的拓展,需要将原来的营销部主管调到外地工作,因此,急需一位新的主管来管理他的部门。为此,总经理到处忙着物色最合适的人选,因为这个职位虽然累点,但是拿到的待遇特别优厚,所以,为了这个职位,员工们暗中互相较劲。总经理希望能够通过公平竞争的方式选拔出最合适的主管。
>
> 这个消息一传出,大家都觉得这个职位非张强莫属。因为张强工作非常出色,曾经五次获得公司业务部门业绩第一名。大家都这样说,张强也觉得这个职位应该属于自己,他相信领导会考虑到这点的,没有必要像其他同事一样,到总经理那里去争取。
>
> 很快,公司确定了业务部门新的主管,但是令人想不到的是,新主管并不是张强,而是业绩处于张强之后的王明。原来,王明一直希望自己有升职的机会,这次机会终于来了,他不但在工作上积极表现,还主动向总经理提出了晋升的要求,经过一段时间的全面考察,老板觉得王明富有竞争意识,更适合这个竞争激烈的职场,而他一直认为可以提拔的张强,却令他大失所望。

如果你不能适时地提出晋升的请求,即使晋升机会来了,你也抓不住它。要想获得晋升,你就必须懂得适时地提出晋升的请求。

从另一个方面来说，上司不可能对每个人都了解得十分全面、周到。在这种情况下，希望晋升的你，更应该主动地反映自己的问题和要求，以便他对你进行全面考虑。为了让老板尽快答应你的要求，那么你在向老板提出要求的时候一定要注意以下几点：

首先，要向老板指明提拔你对公司的好处是什么。你要向老板表明将权力交给自己，自己能够完成更多的重要任务，可以帮助老板减轻工作上的压力。让老板认识到提拔你对自己的好处，这样他才愿意提拔你。

其次，选择对的时机提出你的要求。要想让老板点头，那就要在老板心情愉悦的时候提出，如果老板正在气头上，你去告诉老板自己要升职加薪，那无异于撞枪口。

再次，在升职加薪这个问题上不要过分谦让。升职加薪不仅是职位与金钱的问题，而是能力和价值的问题。为了证明自己的价值，要勇于竞争，主动出击，赢得高职位高薪水，证明自己。

最后，用事实证明你的业绩。在晋升面前，告诉上司你工作多么努力不如告诉他你究竟做了些什么。你可以试着用一些具体的数字，尤其是百分比来证明你的业绩。你最好简单地写一份报告给上司，总结一下你的工作。这样，上司就能很方便地了解你的业绩，而且日后也能查阅。同时，你也省得对上司大费口舌来说明什么了。

李泽就读于某名牌大学，是计算机专业的高才生。毕业后，任职于国内一家电子企业，试用期期间，李泽勤奋努力，总是高效完成工作，受到了公司领导、同事的一致好评，信心满怀

第六章
能力很强大，老板未必给你升职加薪

的李泽认为以自己的表现在试用期满后肯定能得到一份令自己满意的薪水，结果令他大失所望，但他并没有表现出过多的不满。过了半年，他发现自己的薪水依然没涨，终于心生不满，于是，他找老板要求增加薪水。老板告诉他公司有规定，并许诺到合适的时机会给他加薪，但一意孤行的李泽要求老板立刻加薪，并出言不逊，威胁老板，结果第二天老板就将李泽辞退了。

其实，李泽所在的公司是国内知名企业，有很好的发展前途。因为他的急于求成，丧失了一个发展自我的平台，很多朋友也都为他惋惜。

在选择申请加薪的时候一定要注意下面几点：

第一，要懂得察言观色。在老板心情愉悦的时候提出升职加薪的要求。

第二，在公司业绩飙升的时候提出升职加薪。

第三，在你为单位创造了丰厚利润的时候，提出申请。

第四，在年底业绩评估报告出来的时候，如果自己的业绩很好就可以向老板提升职加薪的事宜，如果业绩不理想，最好闭嘴。

第五，在单位大批量招聘人员的时候可以申请，因为对于经验和技术含量有要求的岗位，给内部员工加薪的成本要低于社会招聘成本。

总之，申请加薪时机的选择是个很微妙的问题，可因人而异，可因时而异，可因地而异。它需要讲策略，讲艺术，甚至有时候还需要个人感觉。不管如何，成功才是目标。

● 给老板一个主动为你升职加薪的理由

无论老板给一个员工升职还是加薪，都有理由和依据，他不会平白无故地去为一个员工做这些事情。很多时候员工们朝九晚五，不迟到不早退，按照公司的规定按部就班地工作，心安理得地按月领取着工资，他们觉得自己这样做老板就会主动给自己加薪升职，可是他们哪里想到，虽然他们按时上下班，不犯错误，但是他们以完任务的形式去工作，使得他们每天毫无精神，死气沉沉，最终导致的结果就是效率低下。老板给谁升职加薪都有可能，但绝对不会给这样的员工升职加薪。

很多员工之所以在一个公司干了很多年，依然是一个普通的小职员，主要原因就是他们安于现状，不思进取，只是当一天和尚撞一天钟，但心中却期望着老板主动给自己升职加薪，你可知道，你永远也不会等到这个机会。你要知道老板给员工们加薪，不仅看业绩，还得看平时的表现、能力及对待工作的态度。

李娜是一家珠宝店普通的员工，她在这里干了三四年了，薪水不是很高，她想找个机会去和老板谈谈看能否给自己加薪，但是碍于面子，担心自己提出的要求被老板拒绝，所以，虽然一直有这个想法，但就是没有找过老板。恰好，老板要去国外考察一个月，临走前，他将店里的事情全权交给李娜来处理。李娜觉得无上荣幸，同时她也感觉到了自己肩上任务的重大，老板将这么重要的任务交给自己，自己一定要好好干，觉得只有这样才能对

第六章
能力很强，老板未必给你升职加薪

得起老板对自己的信任。于是，在老板离开的一个月里，李娜把老板的公司当成了自己的公司来经营，每天起早贪黑，把珠宝店的生意打理得井井有条，营业额也有很大的提升。老板回来看到自己的店在这一个月不仅没有任何的损失，而且营业额增加了很多，于是找到李娜告诉她："我不在的时间里，你将店打理得如此好，辛苦你啦！从这个月起每月工资给你加1000元。"

也正是通过这件事，李娜终于找到自己之前一直没有升职加薪的原因！

薪水是靠自己的辛勤努力得来的，但是如果得不到老板的认可，一切都是白搭。老板真正愿意给主动升职加薪的员工都是那些有责任感，能够得到老板的认可，并且懂得推销自己的人。要成为这样的人，必须做到以下几点：

首先，懂得公司利益最大化自己的利益才能最大化。 要想让老板给你加薪，那么你就要使自己的一切行动都符合公司的利益。如果你做了损害公司的事情，那么老板是不可能给你加薪的。

其次，不要总是在意自己薪水的高低。 如果你特别在意自己薪水的高低，那么老板就会认为你不是为了工作而来，而是为了金钱而来，那么你在老板眼中就是一个对事业没有追求的人，眼里只有钱的人，老板不会觉得你是自己的同路人，尤其是创业型企业。

最后，业绩要超出老板的预期。 如果老板说什么你就干什么，无论你干得再好，也只能是一个普通的员工，老板不会主动给你升职加薪的。只有那些干出的业绩超出预期的员工，老板才知道你是一个有进取心的人，有前途的人，他才会重点培养你，给你升职加薪。

升职加薪有一条恒定的原则就是：你给企业创造的利润远远大于你造成的损失。在这样的条件下老板才愿意给你升职加薪，你才有资格与老板谈升职加薪的事情，但是在与老板谈升职加薪的时候，一定要有王牌的理由，下面就有几条仅供参考。

首先，自己在该公司任职期间为企业创造了巨大的贡献。 在与老板谈薪水的时候你一定要向你的老板证明，你与其他员工的不同之处，那就是你不要老板的督促就能够挑大梁，并且有充足的证据，证明这件事是因为你的存在而办成了的。

其次，工作技能高，可以为企业创造很大的效益。 你不断为自己充电学习，而且所学知识技能都是企业目前急需的，那么在与老板谈工资的时候，就轻松很多了！

第三，敢于承担额外的工作与责任。 在与老板谈话时，你要有证据证明你的确是承担额外工作的，这样老板才会满足你的要求。

第四，你为公司创造了更多的收益。 你要向你的老板证明，某件事正是因为你的存在企业才有了很多的收益，而且你要保证以后会继续努力，为企业创造更大的价值。老板不给你加薪都困难。

最后，为企业节省更多的钱。 这个理由对老板而言极具吸引力。但你要让老板明白，一方面，你为老板节约的钱远远多于你要的钱；另一方面，你会继续为公司节约钱财。

总之，要想让老板主动给你升职加薪，必须要练就实力，并且有充足的理由证明这一点，而且企业的未来特别需要你这样的人，那么老板自然会给你升职加薪的。

第六章
能力很强大，老板未必给你升职加薪

▶ 你一定要懂的升职加薪谈判策略

人常说：老实人吃哑巴亏，会哭的孩子有奶吃。很多时候，当自己的利益与别人的利益发生冲突的时候，很多人碍于同事面子、领导面子，逆来顺受，委曲求全，最后不仅没有落个好，反而给别人"我们是一个窝囊废，谁都可以来欺负"的感觉。当公司决定奖励你的时候，不要过分地谦让，免得别人说你得了便宜卖乖。只要是属于自己合情合理的利益，你就要放心大胆争取。当然争取的过程中也要把握住度，既不争小利，不计较小得失，又不过分争利，成为众矢之的。

我们辛苦的工作为了什么？说得现实一点就是多挣一些钱，让自己及家人过上幸福安康的生活。如果谁否认这一点，那就未免太过虚伪。在当今市场经济条件下，为利益而工作是正大光明的，谁也否定不了。

我们向老板争取自己的正当利益，不仅仅是因为不争取自己就吃亏，更因为利益是自己价值的体现。有的人不敢争取自己的利益是因为担心自己如果争取自己的利益，闹得老板不愉快，于是将本来属于自己的东西都放弃了，只想换来一个安定的日子。同时也有人则过分追求自己的利益惹人烦，整天追在老板的屁股后面讨要自己的利益，惹得老板烦心，从此看低这些人的品质，找个合适的机会清除掉。

懂得谈判的技巧，拿捏得住谈判的程度，才是谈判成功的关键。为了保证谈判的成功率，在谈判之前必须有充足的准备，这样你才能做到心中有数，才能找到最佳的理由，才容易获得成功。

甲、乙、丙、丁、戊、己、庚、辛几名员工正为加薪之事伤脑筋，为了能得到更多的薪水，他们先后去老板办公室和老板谈判。老板问了他们一句同样的话："你能给我一个加薪的充分理由吗？"他们的理由各不相同。

甲说："老板，我前一段时间刚买了房子，请您理解我，我确实急需钱啊！"

乙说："我只是想得到和同事一样多的薪水。"

丙说："老板，我在公司干了那么多年了，应该给我加薪了。"

丁说："老板，先给我加点钱，我以后一定会好好干的。"

戊说："老板，请给我加薪，否则我就走人了。"

己说："最近公司活挺多的，我总是加班加点才忙完。"

庚说："多给我点工资，不然我只干自己分内的事。"

辛说："老板，我比别人干得多，因此我的薪水也应该比他们高。"

最后老板统统拒绝了他们，因为他们加薪的理由不充分，无法打动老板。甲因为私事要求加薪，这样的理由肯定是行不通的；乙背着老板和其他员工谈论各自的薪水，老板会降低对他的信任，更别提加薪了；企业中，一岗一酬，按劳分配，工资并不一定要随工作年限增长，所以丙的加薪理由也会被否决；老板可能会质疑丁以前没有好好干；而戊明摆着在威胁老板，老板可不吃这一套，因为他明白，地球离了谁都照样转；而己和庚那样说会让老板觉得没有工作主动性；辛可能会让老板认为缺乏同事情谊，没有团队合作精神。总之，这些加薪理由都是不充分的。

第六章
能力很强大，老板未必给你升职加薪

那么为了保证与老板谈判的成功率，在谈判之前应该准备些什么呢？

第一，要有成绩记录。要将自己曾经取得的成绩记录下来，免得老板问你"你没有任何成绩就想让我给你加薪？"此刻，你可以将记录在册的成绩一一列举出来。

第二，要有明确的目标。在找老板谈之前，你必须要明确自己谈判的最终目的是什么，自己要从老板那里得到什么？

第三，要有理有据。在与老板聊之前，要制定谈话的要点，根据要点提示有理有据地展开，让老板听了之后，觉得给你加薪是最明智的选择。

第四，要对自己同行的薪酬进行系统的了解。如果你了解同行的薪酬情况，那么你说出来的数字老板才不会认为漫天要价，反而对你的细心调查表示欣慰，才能答应你。

第五，要确定对比参照物。比如，公司里和你做同样工作的同事，了解一下他的工作量、工作时间以及工作质量等，作为与自己对比的依据。

第六，要对结果进行预测。这样的话你可以提前多准备几套应对方案，有利于说服老板！

第七，要想好撤退的路线。如果你在加薪谈判中失败，怎么办？为此，你得事先想好对策，选择好退路：是去是留？怎么去？怎么留？一定要全盘考虑。在多数情况下，我们应该表现得大度一些，加薪不成，仍然要表示忠心，这样才能让老板放心，并争取以后加薪的机会。

要想取得谈判的成功，除了在谈判之前要有充分的准备之外，还有一个关键点就是谈判的时候要懂得谈判的几招策略，这样你才能胜券在握。那么有哪些策略呢？

第一，知己知彼。 首先要对同行业的薪酬体系有一个明确的了解，避免得了便宜还卖乖。另外还得对自己的老板有个清楚的了解，那些往往不主动加薪的老板都刚愎自用，采取迂回战术效果较佳。

第二，表达自己的忠诚。 在谈判的过程中一定要向老板传达清楚，自己对老板的忠诚，对公司的忠诚，自己只想加薪，不想走人。如果气头上来一句，"不加薪老子就走人"，这样的话相当于搬起石头砸自己的脚。

第三，善用迂回战术。 在与老板谈判之前，可以将某大公司高薪"挖人"的消息想办法透露给你的领导。如果老板还是不答应你，证明你的价值还不够。但要注意这个策划有很大的危险性，操作不当老板可能放你离开这个团队。

第四，坚决不要攀比。 许多公司都采用薪酬保密的原则，因此，与老板谈加薪要求时，你一定不要与周围的同事比较。一来打探别人的薪水违反公司规定，你尚未开战便已经输了；二来老板会觉得你是出于嫉妒别人才要求加薪的，反而会忽视你的实力。

第五，尽量单独约会。 与老板进行薪酬谈判时，不要试图联合集体的力量，没有人比老板更懂得利用人在利益追求上的私心。几个人拧成一股绳去谈加薪，领头的那个往往会成为牺牲品，跟从者倒多少能得到一点实惠。因此，切勿带一帮"小弟"前去切磋，成功靠自己，加薪之事还是依靠自己比较好些。

其实，和老板谈加薪并不是一个复杂的事情，只要采用积极和令人愉快的方式，避免任何会使老板不高兴和发怒的行为，你就成功了一半。当你提出一个充分的、清晰的、叙述恰当的加薪要求的理由，你的老板很乐意地讨论你的加薪问题时，你就算是成功了。

第六章
能力很强大，老板未必给你升职加薪

▶ 如何避免老板只给升职却不加薪

在职场上混，每个人都希望自己能够在最短的时间内获得老板的认可，并给自己升职加薪，好让自己早日出人头地扬眉吐气，成为嘚瑟的资本；或者自己早日摆脱被小领导"剥削"的日子，然后自己去"剥削"别人；或者自己早日完成人生伟大规划中的第一步，好迈出坚实的第二步……总之，期望升职加薪的目的是多种多样的。但是，理想是丰满的，现实是骨感的。期望升职加薪的十有八九，但最后能够如愿的少之又少。并非不努力，而是升职加薪的环境很复杂，除了自己的实力和努力，还需要一定的运气……当然，有时候即使你具备了这些条件，老板也并非会给你主动升职加薪。这个时候怎么办呢？此刻，要不就是老板觉得你的价值没有达到自己预期的目标，或者你的价值没有达到升职加薪的资本，或者老板真是忘记给你升职加薪了。此时，你不妨在恰当的时间里，审时度势向你的老板提出升职加薪的要求，看看老板的反应，如果老板真是忘记了，会马上给你升职加薪；如果他觉得你还没有到升职加薪的条件，那他也会或直接或间接地告诉你的。这些都不可怕，最可怕的是老板如你所愿给你一个很高的职位，让你加倍拼命干活儿，却依然拿着未升职之前的低工资，这就是所谓的升职不加薪，针对这种情况怎么办呢？如何避免这种情况的发生呢？

我们不妨看看下面的这个例子：

李超大学毕业之后顺利进入一家投资公司，薪水是 2500 元，他非常珍惜这份工作，从来不迟到早退，保证每天高效工作。因此，李超在公司的业绩很突出。

　　当李超在这个公司干到满一年的时候越来越觉得不对劲了，他从公司其他同事那里获知他们的工资都增加了，为什么自己的工资丝毫没有变化呢？他想向老板问个明白，又担心老板觉得自己目光短浅，眼里只有钱，没有理想，于是，李超没有敢去找老板。李超为了安抚自己内心的不平衡找了一个理由：第一年不涨工资，第二年肯定会给我涨工资的。于是，李超继续踏踏实实地干自己的工作。

　　一转眼，第二年就结束了，李超的工资依然没有增加。李超着急了。就在这个节骨眼上李超的部门主任突然离职了。李超打起精神，为争取这个职位，做好了一切准备。

　　功夫不负有心人，李超顺利被推选为部门主任，这让他激动地热泪盈眶，他想着以后每月可以挣到 5000 元了。

　　但李超成为部门主任第一个月依然是 2500 元的工资，李超有些诧异，部门主任工资不是 5000 元吗？为什么只拿到了一半呢？李超很想去找老板问问，后来也是退缩了，搞不好的话，老板还以为自己太注重功利，不大气，又或许部门主任也有一定的考核期。于是，李超继续坚持每天第一个到公司，经常加班到很晚，最后离开公司。但是半年过去了，李超的工资依然没有涨。李超郁闷了：如果工作干得不好，那老板为什么要给我升职？既然升职了，却为什么不给我加薪水呢？

第六章
能力很强大，老板未必给你升职加薪

许多上班族都有类似苦恼。同事辞职后，领导让你暂时代理此职，直到招到新人。这期间，你干两个人的活，不但工资未涨，新人也迟迟未来，"不招新人，也应给我涨点工资吧？"你在心底呐喊，老板其实也是知道的。但是，你不叫出声，他就装作不知道。

升职是件令人开心的事情，如果少了加薪，这份开心就要大打折扣了。至于老板不加薪或者避而不谈，升职以后你一定要找机会和老板沟通一下这个问题。

首先，你要明确不给你加薪的原因。 需要时间确认你是否胜任，还是公司预算有限，或者老板就是压榨你，针对不同的原因我们要考虑不同的办法。比如老板还不确定你是否能胜任，需要考察你一段时间，你就要知道老板会用什么指标考核你，期限是多久，大家有了统一的标准以后，你的努力才有方向。如果是跨国大公司，预算都是一年一做的，比如你在年终升职，可能收入增加需要层层审批，在这种情况下，你需要理解老板的苦衷，也要让老板知道你的辛苦需要物质加以肯定，不要忘记和老板约定一个期限，希望老板在什么时间提升收入。

其次，当遇到升职不加薪的情况的时候要大胆提出来。 有时候觉得自己不好意思向老板提出来便默默承受低工资，老板会将你的沉默看作是默认，所以你不提出来他不会主动给你涨工资的，但是提出要求的时候一定要注意时间、地点以及老板的心情、谈判的技巧，还有你说话的方法。如果老板正在劈头盖脸地批评同事，你上前提涨工资的事情，那么你肯定是撞在枪口上了。不妨在一个老板很开心的时候，以开玩笑的方式对老板说："张总，我听说你要给我涨工资啊！真是太好了，终于能够保证每月还房

贷了！""王总就是体贴我们员工！如果下个月我的工资能够涨到 4000 元，我一定请王总和同事们撮一顿！"聪明的老板不会不明白你的意思。总之，话有三说，巧者为妙。当然，你必须要具备老板给你加薪的资本。如果你对公司没有一丁点贡献，还老想着升职加薪的事儿，估计够呛！

　　当然不排除很多老板故意压榨你，给你一堆工作，还是原来的薪水，这时候就要判断升职对你的能力提升或者长期发展是否有帮助，如果有帮助，虽然没有增加收入，还是可以在这个职位上做个一年半载。因为一般故意压榨你的公司规模都不大，你想从比较低的级别跳槽到大公司再做一个高职位的话，机会比较小，所以即使没有增加收入，你也可以做一年半年，感觉自己能力确实提升了，再寻找外面的工作机会。如果你判断这个新职位没有什么含金量，就赶快做好寻找下一份工作的准备吧。总之，人不能在一棵树上吊死！

CHAPTER 07
第七章

升职加薪不能靠蛮干，还得讲策略战术

GET PROMOTION
PAY RISE BE GENERAL
MANAGER

让老板加薪得讲方法和策略

俗语道：干得好不如干得巧。无论是在工作过程中还是在与人相处的时候，如果能够掌握一定的方法和技巧，必然游刃有余，达到事半功倍的效果。

升职加薪同样也是如此，如果你工作干得相当出色，但不懂得一定的方法和策略，业绩再出色老板也未必会给你加薪。

在这个以金钱论实力的社会，没有了金钱这个衡量的标尺，你能够知道自己的实力吗？你能够知道自己的价值吗？你能够养活自己及妻子儿女吗？答案肯定是：NO！

所以，职场上最能够证明你能力的东西就是高额的薪酬。有人说高薪不仅仅是干出来的，更是谈出来的。那么如何谈呢？谈的方法和策略有哪些呢？

第七章
升职加薪不能靠蛮干，还得讲策略战术

张楠毕业于一所普通院校，毕业之后到一家小公司就职。没过多久，张楠就发现这家公司虽然小，但业务量大，工作压力也很大，她几乎每天加班，但工资却只够维持生计。因此，张楠想到了加薪。

可公司这么小，加薪的空间能有多大呢？尽管希望不大，但张楠还是向老板提出了加薪的要求。正如张楠所料，老板一听到"加薪"二字，脸色顿时变得难看起来，最后找各种理由拒绝了张楠。

然而，此事并没有到此结束。后来，公司想找一位懂得营销的教授为公司做培训，老板询问员工们有没有认识的教授。张楠一看机会来了，赶紧向老板推荐了自己大学的营销课老师。老板一听教授的名字很耳熟，原来这位老师在营销培训方面有相当的影响力。老板立马采纳了张楠的推荐。

张楠在请自己老师的过程中，顺便抱怨了几句自己的工资是如此如此之低，都不敢承认是您这样有影响力的名人的学生了，每月除了交房租、生活费，所剩无几……

教授到公司培训之后，张楠就以"贡献奖"的名义得到了2000元奖励。

但张楠看中的不仅仅是眼前的薪资，而是以后的工资。她认真地分析了公司目前的状况，认为让老板给自己增加基本工资确实有难度，因为她一加，其他的员工也要加，老板当然不会同意。张楠想，加薪的方式多种多样，没有必要非要在基本工资上增加。后来，张楠每个月的收入果然都比同事高一些。例如，今天在奖

131

金上加一点，过几天在加班费或者出差补助上加一点，效果其实与加薪一样。

一年后，公司扩大了规模，需要更多的资金维持运转，想加薪就更难了。不加薪也可以，总得有一些补偿吧？张楠心里打起了小算盘，为了使得自己的职业生涯有更大的发展机会，张楠提出到北京大学去进修。鉴于张楠进公司以来出色的表现及对公司做出的贡献，老板答应了她的要求。在对公司心存感激的同时，张楠明白了一个道理：加薪也可以是"未来时"，并不一定要增加金钱的数量，有时提供机会更重要。

谁不想得到高薪？对老板表现忠诚，对工作尽职尽责，甚至对老板投其所好、曲意逢迎等，为的是什么？当然是想升职、加薪，自己能力的大小，要通过加薪和晋升才能得以体现。然而，很多人却无法如愿，这之中固然难免有对待遇认知不一的原因，但其中占主导地位的是个人的能力和贡献。一般来说，你的贡献越大，加薪升职的机会也就越大。当然，个人的能力和贡献有时尚不足以达到加薪升职的目的，还要找些"捷径"、耍点"花招"，才能影响老板。

要求加薪要把握"火候"，既要讲究时机和场合，也要讲究技巧。

首先，当你刚完成一项棘手的任务，老板对你的出色表现予以夸耀和奖赏时，这时正是"机不可失"的好机会，要以坚决语气和善地提醒老板："老板，我想和你谈谈工资的事。"一般来说，公司的加薪制度有规定，轮到该你加薪的时候，绝对不要犹豫。你可以列出过去一段时间的工作绩效和优良成果，正式请老板与你商谈加薪之事。还有一个最好的时机，那便是当公司的业绩取得重大的、突破性的胜利，而老板又沉浸在喜悦之中时，你开口要求加薪最容易获准。

其次，在公司里，如果你是一个举足轻重、受老板仰仗的人物，你可以用"辞职求去法"。你假意辞职，老板必然怕你轻易离职，这时你便可讲出加薪的真实意图，老板一般都会同意。当然，这种方法带有很大的冒险性，使用此法前要先了解自己在公司的分量。如果你本来不受老板喜欢，老板正找不到借口辞退你，那你的假辞职便成"假戏真做"了。同时，这种方法只能用一次，用多了被老板识破后就不灵了。

第三，不错，你需要工作，但不要乞求。不妨多花一点时间和老板做一番商谈。记住一位人力资源经理说过的话："要挺直腰杆，不要乞求别人给你一份工作。"

第四，当然，生活中有许多这样或那样的需要，但是务必记住，在职业生涯的头几年，应该多花一些时间在学习上，应该在能够最大限度地发挥自身潜力的公司中度过。如果你觉得自己只不过是为了微薄的薪水而被人利用着，那么这也许就是你另谋出路的时候了。

最后，无论用何种方法要求加薪，都要把握一个原则，那便是你用的方法要让老板觉得给你加薪是为了让你更积极地为公司工作，而不是为了个人享乐。

总之，要想获得更多的薪水，不仅要有突出的业绩，还得有和老板谈薪水的方法和策略，宁可巧取，不可蛮干，否则前功尽弃，后悔晚矣！

▶ 学会装相，既不是谎言，也不是欺骗

见什么人说什么话绝对是这年代的生存策略之一。在职场上，升职加薪也是同样的道理。

人在职场，忌讳的事情很多。比如，在工作以外的各种场合，你可能会巧遇领导或老板，这种突如其来的见面就需要你拿捏准分寸。把握得好，也许就有"细节决定成败"的好事；把握不当，则可能引发"没打招呼就被开除"的窘境。白领们在非工作场合下巧遇老板应该如何说话，这是一门需要修炼的艺术。所谓会说话是让老板看到自己的亮点，而不是让你阿谀奉承和讨好对方，在职场上这叫"装相"，它既不是谎言，也不是欺骗。

这不需要有多么出众的口才和别出心裁的思维。例如在开会以前对自己要说的话和提的事情可先练习一下，这样的有备而来是不会有坏处的。职场中的会议不仅是领导和同事考察你的场合，也是提升自己业务水平的平台。如果你在会议中一言不发，老板会认为你毫无生气、被动。同时，在会议中，你也不要坐在后排，不要埋头沉思，否则在职场上你可能也永远坐在最后一排。你最好找一个切入点——比如你的竞争者在谈话中出现了漏洞，或者你有一些更好的建议。可以带一些简报或客户备忘录，以便在讲话中参考，这样可以让你在会议中尽展才华。

记住，讲话内容很重要，但说话方式更重要。许多女性总是不注意一些口头语，比如，"各位可能已经了解了……""这个问题可能很简单，但是……"一定要简明扼要地说出你的想法，展示你的自信——这是关键。

第七章
升职加薪不能靠蛮干，还得讲策略战术

如果你的口才不佳，就接着其他人的话题说。尽可能地离老板近一点坐，这样其他人会认为你在公司中的地位不凡，而且也可以让你多一点自信。

我的一个朋友，在一家公司工作有三年了，依然是一位普通小职员。有一天老板突然对他说想在另外一个地方开一家分公司，需要出差亲自去实地考察一番，让我的这个朋友替他管理一下公司的日常事务。我这个朋友没有任何管理经验，但他想的是：没有吃过猪肉还没有见过猪跑吗？于是，他决定先假装很熟练管理似的将这个任务接受了下来。老板在外地考察的时间里，我的朋友感觉到了责任的重大，但他觉得自己不能辜负老板的期望，再加上他干什么事情都很踏实，于是他每天忙忙碌碌，将公司的事务打理得井井有条。后来，老板回来了，发现公司的一切事务并没有因为自己的离开而变得一团糟。这一切都是我这位朋友的功劳。不久，外地的公司开业了，我的这位朋友顺利地被任命为副总经理。后来，他的老板透露，之所以起初放心地将公司交给我的朋友，主要是想给他一次机会。一旦能够胜任，那么分公司的副总经理非他莫属，如果没有管理好，那么他只能继续当自己的小员工。我的朋友通过了考验，最后他胜利了！

讲这个小故事不是想说这位朋友幸运，而是说，在不懂某些事情的时候，可以先试着去做，然后再去学习。很多东西听起来很难，但只要稍微用心，是可以学会的。要知道，每个职场中的人都希望老板能主动给自己

加薪，希望自己的勤奋工作能把业绩提上去，听到老板主动对自己说：我该给你加薪了，你的薪酬绝对是靠你的实力和努力得来的。那么要怎么"装相"，怎么推销自己，才能得到老板的认可，才能不让自己的实力和努力与加薪失之交臂呢？

首先，你要视公司的利益为自己的利益。 要想让老板主动给你加薪，你就要使自己的一切行为都符合公司的利益，这是尤为重要的。如果你在某一行为上损害了公司的利益，哪怕是无意的，都会使老板感到厌恶，肯定不会给你加薪。

其次，假装不太计较薪水的高低。 如果你表现得对薪水的多少过于在意，老板会认为你是为了金钱而工作，而没有对事业的追求，不会有多大出息的。当然，也不要表现出对金钱无所谓的态度。

最后，业绩超过了老板的期望。 工作中，如果你完成的每一项工作都达到了老板的要求，那么很好，你称得上是一名称职的员工，你不会失业，但你也无法给老板留下深刻的印象，无法成为老板的重点培养对象，无法在公司中达到事业的顶峰，老板也不会主动给你加薪。因为只有超过老板对你的期望，你才能使他眼前一亮，才能让他在遇到一些高难度的工作时想起你，给你锻炼的机会。

如果以上三点你都可以做到，但是老板还是没有主动给你升职加薪，你就得动动脑筋了，这时候"装相"就很重要了，你可采取以下妙招：

第一，假装辞职 这种方法最适合薪资结构不够明确的中小型私人企业或外资企业的员工采用。但需要注意的是，采用这种方法必须具备一定的条件才能发挥出其效用。如果你是一位工作表现杰出的员工，且老板又知道你的非凡能力，你在公司的地位或作用举足轻重，采取这种方法很可能让你顺利达到目的。但是该方法只能用一次，下不为例。

第二，旁敲侧击 此方法不是那样直接，而是通过侧面敲击的方式，来打探老板的意向，让他间接地对你加薪的要求加以考虑。比如，吃饭的时候在老板的秘书面前不经意地说："唉，今天有猎头公司的人打电话给我。"或者请业务伙伴跟老板聊聊："你们公司的薪水好像不高，不少人想走呢。"还可以拿一份薪资调查资料给老板看看。

第三，主动担当大任 你应该寻求更大的职责，因为薪水很多时候代表着岗位价值，责任越大，价值也越大。认为薪水低就推卸责任，绝不是明智的做法。主动承担更大的责任，看准契机，展现自身的能力和主动性，老板才会主动给你加薪。

● 一定要做点让老板看得见的面子工作

据说老板最大的噩梦之一，就是某天所有的下属都不再唯命是从，集体倒戈。现实的职场中不乏这样的事情，老板的命令，尤其是在涉及利益分配的时候失去了效力，下属阳奉阴违，执行不力，导致老板地位岌岌可危。这当口若能看清形势，鼎力相助老板，你在他心中的分量不言自明。曾仕强教授讲过一个故事。

过年了，领导叫几个部属到他家里打麻将。为何？其实是打给领导的父母看的。因为父母可能会想，一年到头，也没见你的员工到家里来玩过，没来吃过一顿饭，你这个领导是不是不招你的员工喜欢啊？父母的想法我们很难解释清楚，做儿子的就通过这个方式，消除父母的疑虑。这个故事的道理和领导给部属面子的道理是一样的，人活在世上，很多时候都是为面子而活着，甚至为别人而活着。因为人性的本质是获得赏识、荣誉和成就。

在职场上，不管你是想在现在的公司晋升，还是试图在外面找一个更理想的工作，都要记住四个"要"和一个"不要"。四个"要"指：在处理与下属的关系时要像对待老板那样认真，在公司的主要项目或新项目上要适当地吸引大家的关注，在一定范围内要学会寻找和利用良师益友，在介绍自己公司时要保持积极的态度并且感染他人。一个"不要"指：不要让挫折把自己打垮。

有一个叫潘为严的人离开服务多年的钱庄，回家探亲。山西各大商号都争抢这位头号职业经理人。潘为严刚一下船，就被乔东家用计谋"抢到"。乔东家亲自送潘为严回祁县，进入祁县境内，离潘为严家还有200里时，远处过来一个八人抬的娇子，鼓乐开道，好不热闹。

乔东家问："潘大掌柜，十年没有回家了，有什么感想？"

潘为严深有感触地说："很惭愧啊，不瞒您，乔东家，当年我潘为严离开山西的时候，曾向妻儿夸下海口，说等我潘为严还乡的那一天，要坐八人抬的大轿，鼓乐开道，没想到今日还乡却是因为辞职。我潘为严总算明白了，什么叫无颜见江东父老了。"

乔东家笑着说："呃，先别这么说，您说这轿子是不是跟那个差不多？"

潘为严点点头，以为是人家接亲的。可等到乐队过来，乔东家请潘为严上轿，说是为他准备的。

潘为严十分惊诧，不过很快明白了，深情地说："您待我真是太好了，您这么给我面子，我潘为严就是再黑钝，也不会不知道您的意思，我潘为严以后就听您的了。"

潘为严临上轿时，还转过身来作揖说："我今生有这一遭，也就不枉活了。"最后，当然是潘为严加盟了乔东家的商号，在乔东家商号的发展上做出了重要的贡献。

这样的以礼相待就是给"给面子"，这样的以礼相待是有原则的，即"贬己尊人"，"贬己尊人"是指谈到自己或与自己相关的事物时要"贬"，要"谦"，谈到听者或与听者有关联的事物时，要"抬"，要"尊"。还要注意人的身份和社会地位要保持相称，说话双方力求和谐一致。在行为动机上尽量减少他人付出的代价，尽量增大他人的益处。在言辞上尽量夸大别人给自己的好处，尽量缩小自己付出的代价。

潘为严的故事可以嫁接到职场上来，我们在很多时候都会遇到意想不到的事，殊不知这关系到你的晋升和加薪。

除了这些表面上的工作，我们还得从业绩上做，在职场上没有比业绩上涨更让领导有面子的了。

早年有一个人在 GE 实验室工作，负责开发一种名叫 PPO 的新型塑料。有一天，公司的某位副总裁来到他们所在的小镇，老板安排他向领导介绍项目的最新进展。他提前一周加班准备材料，不但分析了 PPO 的经济效益，还探讨了该产业中其他所有工程塑料的前景。他最后递交的报告包括了一个五年展望计划，与其他竞争对手同类产品的成本对比报告，以及一份 GE 应该如何争取竞争优势的大纲。

这让老板和副总裁非常震惊，很快提拔了他，老板对此事的积极反应说明，向领导交出超过预期的业绩，将产生很好的影响。

这告诉我们一个道理，要想获得提升，最有效的办法是拓展自己的工作范围，采取大胆和超出期望的行动。树立新的观念、采纳新的流程，不但能提高自己的业绩，还能对你所在部门甚至整个公司的业绩做出巨大贡献。

● 职场升职术，离不开酒局拉关系

古人道，一壶浊酒喜相逢，古今多少事，都付笑谈中。

如今的职场甚至社会中依然这样，而且现今的酒局，要注意的和忌讳的事更多。在这一情绪混沌的平台上，言谈上千万不能过于冒失，这样就违了酒局的"潜规则"。聪明的人都懂得怎样利用这样的场合，来拉拢自己想要的关系。

所谓酒局"潜规则"自有它的道理，比如一开始你不能直说工作上的事，也不能说同事或者别人的坏话，这种口无遮拦说别人是非的毛病，别说会伤了人与人之间的感情，还会影响自身的前程。

职场酒局本身是一种工作上必需的公关工作。你要知道，在酒局上你既可以获得利益，拉拢关系，得到许多甜头，也可以自毁前程。

俗话说，酒局不好，不如不喝。中国酒桌的位置都是有讲究的，坐在最中间的必须是本桌最大的领导，或者是最重要的客人，紧挨着领导的是最主要的陪酒人员。位子坐定后，你得注意自己的言谈举止，这很有讲究。你不能说太多，抢别人的风头，也不能一句话都不说，前者显得你太爱表现，后者则显得你对此酒局很不满意。同时你得明白，这桌酒局上最大的话语权掌握在坐在最中间的那个人，你可以陪吃陪喝陪笑，万万不能像木头一样坐那里。也不能只顾自己吃，这毕竟不是在家里，这种行为会显得你很没礼貌。看准时机搭搭话，不让话题冷掉，适当地抬抬杠，让酒桌上的气氛更好。最后在大伙都有点微醉的时候，你可主动敬一下领导，这是最容易促进关系的时候。

在职场的酒局上，千万不要借酒劲做不该做的事，不是谁都能因为你喝醉酒做了错事而原谅你。你要懂得随机应变，在热热闹闹吵吵嚷嚷的酒桌上，要记得莫谈公事，如同古代的家宴中不谈国事一样，这是最不能犯的错误。真正聪明的人都是无声胜有声的，在这样的酒桌上，适合说些跟工作无关的真心话。真性情的人在醉意中能表现得淋漓尽致，就算你知道大家心里有着各种门道，甚至各怀着心事，又能怎样，你要不让人抓到把柄的同时还增加彼此之间的感情，这样才是职场上真正的高人。

祸从口出，在酒桌上，会有些人借着酒劲胡言乱语，对他们而言，憋着实在太难，那是一种非说不可的闷得慌，这种人往往会为自己的行为付出代价，估计只有经过这样的血泪教训，他们才会懂得什么话该说，什么话不该说。

有一位副科长在酒桌上刚喝了前三杯酒，就明显喝大了。听大家谈兴正浓，越说越近乎，他大脑松弛，一时把持不住，于是便把憋在心里的话全部倒了出来，把关于科长的是是非非全都抖落了出来，大说科长如何如何不好，借着酒劲有两三个人随声附和了一下。他心里觉得更痛快了，总算有个说话的地方、有个倾诉的人了，"酒逢知己千杯少"，与在座的人推杯换盏、推心置腹起来。

第二天科长见到他，用话点他说："昨天酒喝得不错，高兴呀？"一句话让他出了一身冷汗，唰的一下，脸全红了，别提有多尴尬了，真是后悔晚矣。原来有好事者，当面嘻嘻哈哈，背后做恶人，把他的那些酒话渲染后传给了科长，让科长重新认识了他。因此，酒桌上切记要避开敏感的话题，防止被别人抓住把柄，可能说者无心，但是听者有意，暗记在心。千万别做让自己肠子悔青了的事。

古代是煮酒论英雄，如今是酒局论职术。我有以下几条建议，能帮助你在酒局上"一帆风顺"。

第一，在酒桌上要同大家保持若即若离的关系，适当的距离能产生你意想不到的效果。

第二，在注意主宾关系的前提下，以好话为主，可幽默可搞笑，切不能谈及工作的事情。

第三，男人的酒局里，可信口侃大山，说些海阔天空、天南海北的故事，甚至可说一些无伤大雅的黄段子。

第四，在女人的酒局上，要看情况而定，在最快的时间里了解她们的兴趣爱好，再择机与其交谈。

第五，酒局要的是气氛，无论喝多少，喝的是一种心情。

不要把机遇当偶然，机遇都是设计出来的

在职场中，一个明智的人总能抓住机遇，把它变成美好的未来。

在美国，有个销售人员盯住了一个大客户，他多次约访都被秘书挡在了门外。后来，他通过很多途径了解到了那位老板的行程，不久的将来，他将从芝加哥飞往另外一个城市。在掌握了这

位老板的班机信息后，他自己也买了一张机票。候机时，他看到了那位老板，表现出意外偶遇的样子，很自然地上去搭话，并且表明自己曾经跟他联系过，还发过邮件。那位老板表示很诧异，但也很快想起了他，随即两人便聊了起来，越聊越深入。下飞机后，该销售职员顺理成章地拿下了这个大客户。

职场竞争激烈而残酷，在竞争中求得生存，求得机遇，求得高薪，求得发展。职场需要的是坚忍不拔、顽强打拼。职场不相信眼泪，你必须要学会善于寻找属于自己的机会，从而提高自己的身价。

机遇总是稍纵即逝，如果你不适时地抓住它，它很快就会溜走。有人抱怨自己的机会太少，总是一副怀才不遇的样子，却不知其实不是没有机会，而是没有适时地抓住，给错过了。

机遇不是运气，大多数时候需要你的努力才能得到，而运气则更多的是一种偶然，是主动落到你头上的一种奇迹。可"天上掉馅饼"的运气不是谁都能碰到的。换句话说，运气是可遇不可求的，只能它找你，你却没法找它；而机遇则是可求的，你可以通过一系列的努力去得到它。

在一个体系成熟的公司里，高薪总是与晋升联系在一起。如果你想要得到高薪，就要想办法获得晋升。而获得晋升，不仅仅是靠能力，有时候还需要一些技巧。一般来说，那些有明确职业规划的人到了一家新公司后，首先会去做两件事情：一是分析他所在的企业是什么样的企业，二就是分析他的老板是什么样的老板。分析的标准通常如下：

一、看企业年头。如果这是一个新兴企业，那么，它需要的是突破性人才，需要有冲劲的经理人，需要能够单枪匹马把事情搞定的员工。二十个年头以内的企业还处于高速上升期，就需要有突破能力、单项技能过硬的人。

二、看老板个性。如果老板有做百年老店的信念，他就需要一帮能与他一起干事业的人。他要物色的管理者和员工，大多是对企业发展有远见和有干劲的人。当然，还有一个问题，很多初入职场的人难以直接接触到老板。在这种情况下，就要学会有机会要上，没有机会创造机会也要上。

说个著名的麦肯锡"30秒电梯理论"。在外企，越级是比较忌讳的。当你有个好建议却无法敲开领导办公室大门的时候，可以创造机会，与老板同乘一部电梯。一幢30层的大楼，电梯从底层到顶层的时间大约是30秒。如果电梯里就领导和你两人，你就可以搭讪说："我是某某，我有一个建议不知跟您说是否合适？"他可能会"哦，啊"地跟你应付。30秒后，如果他觉得你说的建议很有道理，他会说："有时间跟你详聊。"一般情况下，他回去就会告诉秘书："我要和某某谈谈，给我约个时间。"

类似的方法很多，当然情境未必非要发生在电梯里，最关键的是，30秒钟时间，你说什么？如何找到对方的兴奋点，调动起对方的热情，变被动为主动，让他来找你？一个计划，如果策划人在30秒内讲不清楚，那就说明计划有问题，而且操作性差。同样，一个员工如果在30秒以内讲不清楚所要表达的意思，讲不清楚公司、所在部门以及他自己的任务，那么这个员工就已经不称职了。

因此，要想抓住机会，就必须在平时的工作细节中，时时注意机遇的把握，这样才能在恰当的时机，把自己的才能恰到好处地表现出来。

机不可失，时不再来，怎样才能正确无误地把握机遇呢？

首先，要为开拓自己的事业创造机会。 比如，你准备办一家公司，如果公司开办起来了，那你就为自己创造了一个位置——即自己做老板。如果公司办不起来，那你就失去了这个位置。是不是能够为自己创造这个位置，完全取决于你的能力和努力程度，以及能否恰当地抓住创业机遇。

其次，老板委托你办某件事而带来的机会。 比如公司要在另一个地方建立一个办事处，老板把这个任务交给你来完成，这就是你的一个机会。但你能否抓住，还要看你是不是能把这个办事处建立起来。

这些在职场上都是显而易见的机遇，我们要巧妙地做一个"机遇主义者"，所谓机遇主义者不是要不择手段地投机钻营，而是要不断锤炼和充实自己，巧妙地发挥积极性、主动性，从而找寻和发现一切可用的机会。如果能这样做，那么抓住机遇就不是很难的事情。

总而言之，在职场中，我们应当不失时机地创造机会。

CHAPTER 08
第八章

为自己创造职位，暗中修炼，直逼目标

GET PROMOTION
PAY RISE BE GENERAL
MANAGER

▶ 实现理想职位，需要具备哪些条件？

机遇只会垂青那些有准备的人，做好了升职的准备，离升职也就不远了。

决定一个人能否升职的因素有很多，不是说你能力足够强了就可以了。一般来说，要想升职，就要内外功兼修，还要有合适的机遇。

"内功"就是指你个人的职业能力，也就是包括专业知识、个性气质、核心竞争力等在内的职业能力。"内功"是你升职的前提，要想修炼好"内功"，就要有清晰明确的职业规划，选择最适合自己的职业目标和职业路径，按照目标要求，不断增强自己的职业竞争力，为升职加薪增加筹码。"内功"是你顺利升职的基础。

"外功"包括的内容比较多，但可以概括为两方面，老板对你的认可和同事对你的认可。

要想获得老板的认可，工作能力很重要。能够胜任工作，这是老板用你的主要原因，没有能力就意味着没有饭碗。拥有工作能力的同时，还要

第八章
为自己创造职位，暗中修炼，直逼目标

让公司的领导觉得你是一个忠实的员工，在为他拼命工作。

公司是你人生中的一个舞台，在舞台之上要懂得适时表现，比如大胆地提出自己的见解。如果你不懂得怎么表现，就可能成为一头老黄牛，辛辛苦苦一辈子，仍然只是在耕地。

> 小丽从小就是做事积极的孩子，进入职场之后，更是积极上进，平时非常注重内外功的修炼，一点点积累，取得了很大的进步。这些都得益于她在进入职场第一天，就确定了一个目标，平时工作和生活中都非常重视各方面能力的培养和知识的积累。毕业短短几年内，小丽已经领先于同龄人，在职场上得到了大家的认可。

要想早点把自己理想的职位拿到手，除了注重自身的修炼外，还要有团队意识。任何一个人的单打独斗都不能换来自己理想中的职位，懂得与别人合作，成人之美，也能成自己之美。在集体中，你要把自己的优势变成团体的优势，每个人都尽力为团队做出更大的贡献，团队才能得到更好的发展，而你也能获得更好的发展机遇。如果只惦记着自己的利益，害怕别人和自己一起进步，那么你不但不能获得发展和进步，就连你自己原来的那点优势也将失去。

> 20世纪30年代，英国送奶公司送到订户门口的牛奶，既不用盖子也不封口，因此麻雀和红襟鸟可以很容易地喝到凝固在奶

瓶上层的奶油皮。

后来，牛奶公司把奶瓶口用锡箔纸封起来，想防止鸟儿偷食。没想到20年后，英国的麻雀都学会了用嘴把奶瓶的锡箔纸啄开，继续吃它们喜爱的奶油皮。然而，同样是20年，红襟鸟却一直没学会这种方法。

原来，麻雀是群居的鸟类，常常一起行动，当某只麻雀发现了啄破锡箔纸的方法，就可以教会别的麻雀。而红襟鸟则喜欢独居，沟通仅止于求偶和对侵犯者的驱逐。因此，就算有某只红襟鸟发现锡箔纸可以被啄破，其他的鸟也无法知晓。

读完这个故事，我不知道你是否也悟出一些道理。无论是团队还是个体，最重要的精神就是学会合作。每个人的能力和资源都是有限的，但如果每个人都把自己的优势贡献出来，和团队中的其他成员一起分享，把每个人的长处都叠加起来，那么这支团队的力量就是难以想象的。而你在这个过程中获得的提升，远远超过一个人单打独斗获得的提升，这就是人们常说的"1+1>2"的道理。

经历了这样一个过程，我们离自己的目标职位越来越近。付出总会有收获，如果你已经有了自己理想中的职位，就自己行动起来，内外兼修，让自己变得更优秀。就这样，我们为自己设立一个理想中的职位，努力拿下它，然后再设立一个理想中的职位，再拿下它，越走越远，最终你将成为业内不可战胜的神话。

第八章
为自己创造职位，暗中修炼，直逼目标

▶ 紧盯目标职位，暗中修炼能够胜任的资本

在职场中，一个时刻为晋升做准备的员工是很容易得到晋升的。这就要求我们不断地提醒自己，要时刻为自己的发展而努力，随时不忘提升自己的能力。

相信每个人都希望能够升职加薪，因为升职加薪除了能实现我们自己的价值之外，还能满足我们对金钱的渴求。要想升职加薪，你就要时刻准备着，"守株待兔"的偶然是换不来成功的。只有通过不断努力而取得优异成绩所带来的机会，才是我们晋升的转折点。

然而，很多时候，我们都是在等待机遇的降临，没有采取任何行动，更别提什么暗中修炼了。你想过没有，如果机遇降临，可是你却没有做好准备，眼睁睁地看着它从自己身边溜走，我们却抓不住它，这是一件多么可悲的事情。当机遇走远或是被别人抓住，我们只能站在原地捶胸顿足，后悔自己之前为什么没有做一些事情。

时刻准备着，当晋升机会来临时，你就有能力接住它，升职加薪也就变成了一件顺理成章的事情。

说到这里，你不禁要问：怎样才能晋升？如何做好准备？提升到什么样的程度，我们必须有一个明确的衡量标准，这就是我们的目标职位。确定了目标职位后，要制订一个合理的计划，并在行动中认真完成计划的任务、目标。在走向目标职位的过程中，我们要坚守职位，恪守职责，做好自己的本职工作，提升自己的业务能力。

晋升总会垂青有能力的人，要迈入领导阶层，你必须提升自己的领导能力、创新能力、执行能力、协调能力等。

韦新，某软件外包公司测试主管，负责公司大大小小的测试项目，管理着公司几十人的测试团队，这其中不乏许多比他资格老的员工。作为80后的韦新，稚嫩的外表吓倒了很多人。他的成功之路颇具代表性：灰色的求职期——平淡的发展期——机遇悄悄降临——抓住机遇——将晋升收于囊中。

韦新对自己3年来的职业生涯进行了总结，深切感受到不断学习对职场人发展的重要性，学习能为自己的晋升做充分的准备。

这不仅是韦新的晋升秘诀，也是值得每个人参考的成功秘诀。

学习是你一生都要进行的功课，学习能够使你掌握新技能，增强自身能力，进而在机遇来临的时候，牢牢地抓住它，最终实现个人在职场中的快速晋升。

抓住机遇，必须有灵活的眼睛和聪明的大脑，时刻注意观察和思考，有条件就去了解公司的业务、老板的决策思路及公司发展的前景，这样自然会帮助你快速提高自身的业务能力。健康是一切成功的基础，也是你获得晋升的本钱。因此，如果你想晋升，你还要让自己拥有一个健康的身体。

总之，想晋升，就要时刻准备着！你准备好了吗？

第八章
为自己创造职位，暗中修炼，直逼目标

▶ 扫除一切阻碍你成就梦想的绊脚石

晋升规划的好坏，关系着我们能否摆脱穷忙族，是否拥有一个好的职业前景。因此，做好晋升规划十分重要。在为自己做晋升规划时，我们要注意一些不能犯的错误；在执行晋升规划时，要扫除一切阻碍你成就梦想的负面因素。

在职场竞争日益激烈的今天，很多人都在各个方面加强自身的修养，以引起老板或上司的重视，并使自己顺利晋升，这是难能可贵的。但是，如果自己辛辛苦苦地工作了很长时间，自身的能力与修养也得到了全方位的加强和提升，却因为在晋升规划中没有注意一些问题，导致晋升与自己失之交臂，被动地成了穷忙族，这也是一件很令人伤心的事情。

小雨大学毕业后接连跳槽，每次新进一个单位，都会信誓旦旦，一定要把这份工作做好，可是，做着做着，就会发现这份工作比想象中的要难，开始认为这份工作不适合自己，于是选择辞职，再找一份自认为合适的工作。就这样，工作一换再换，尝试了很多工作，还是没有找到适合自己的工作，而其他和自己一块走出校门的伙伴，已经在自己的职业领域小有起色了。只有小雨还像一个没头苍蝇一样在这座城市里乱撞。

不想当将军的士兵不是好士兵，如果你也想在职场中做个将军，就要将当将军的目标坚持到底，不要因为担心自己的能力不足，就把目标一改再改，最终目标不清，耽误了晋升的好机会。

虽然我们鼓励大家都成为职场中的将军，但不能让主观愿望与客观条件之间产生过大的差距。在制定和实施晋升计划的过程中，不要脱离实际，如果脱离实际，你在升职加薪的道路上会遇到许多挫折。因此，制订晋升规划时，要从实际出发，要切实可行。

在职场还有这样一些人，他们坚信成功者是由于有好的运气。因此，他们被动地等待命运的安排，而不去主动地计划、经营自己的职业生涯。还有一些人觉得自己只要进入了企业，照企业的组织与规划，按部就班地工作就可以了，用不着自己费尽心思去另作规划。

小美毕业后进入一家国企，充分感受到了国企生活的安逸，每天按时上下班，每天按部就班地工作，日子过得很是清闲。小美相信，该升职加薪的时候就会升职加薪，没有必要像大学时老师讲的那样，为了升职加薪必须做一个晋升规划。同样是一块进入公司的莉莉，详细制订了一个晋升计划，并积极去实践，不等不靠，自己努力去争取。一年后，公司内部有了一次晋升的机会，理所当然莉莉成功了。

无论你现在处于一个什么样的位置，都要为自己制订一份晋升计划，然后努力去经营。我们不能抱着做一天和尚撞一天钟的态度来对待自己的

第八章
为自己创造职位，暗中修炼，直逼目标

未来，更不能把自己的晋升命运交给企业来掌管。

身在职场，我们要学会的除了知识外，还有智慧，智慧能帮助你扫除阻碍我们梦想的一切负面因素。

不知道你有没有过这样的想法，只要把本职工作做好，早晚可以晋升。可是当你很认真地做好自己的本职工作以后会发现，其实不然，晋升还需要工作以外的条件，如决策能力、协调能力、领导能力等。所以，要想得到晋升，你必须加强自己各方面的能力。能力提高后，还要注重工作效率，整天忙忙碌碌但不出成果，老板怎么会考虑提拔你呢？

● 没有成为经理之前，要像经理一样思考

职场中的我们，有时候会羡慕高高在上的老板们，为什么他们能取得如此成就？为什么他们的世界如此风光？于是你也有了当老板的念头。即使你只是一个普通的员工，但当你突然有了当老板的想法之后，你就不再是一个普通的职员了。

你的老板就是你身边不必花钱的老师，你可以从他身上学到很多东西，你要想当老板，就要向他学习。

向老板学习，首先要学习老板的思维方式。一个人的思维方式对他的成功有着关键作用。你和老板最大的不同是你们看问题的角度不同，你的

出发点是从一个员工的角度，而他是作为一个老板看问题。你要学会领导者的思维方式，多从他们的视角去分析和解决一些问题。

思维方式不同，最后的收获也就不同，就像同一片星空，海员寻找的是方向，诗人寻找的是浪漫，占星师寻找的是吉凶，星空还是那个星空，却因为人的不同而出现不同结果。你和老板的差距就在这里，看的是同一件事情，你们却看出了不同结果。

平时的工作中，我们都在努力做一名好员工，却忘了向自己的老板学习，积攒自己的资源。老板身上有很多值得我们学习的东西，把他们身上的优点都转化成你的智慧，就会在潜移默化中影响到你的思维方式，慢慢地，你就具备了一些当老板的品质了。想一想，老板既给你开工资又给你当老师，这样倒贴钱讲课的事情，是不是很划算？对，所以你要用一切机会提升你自己，为自己当老板铺平道路。

像老板那样思考，像老板那样追求，像老板那样奉献，像老板那样行动，你就会得到老板的青睐，会成为公司提拔的最佳人选。

美国新奥尔良市的考克斯有线电视公司中有一位年轻的工程师，名叫布莱恩·克莱门斯，他的工作地点是在郊区。有一天早上，布莱恩到一家木材行去购买木料。正当他等待切割木料的时候，无意中听到有人抱怨考克斯公司服务差劲极了。那个人越说越起劲，结果有八九个店员都围过来听他讲。

布莱恩当时正在休假，他自己还有其他安排，老婆又在等他回家，他大可以置若罔闻，只管自己的事的。可是布莱恩却走上

第八章
为自己创造职位，暗中修炼，直逼目标

前去说道："先生，很抱歉，我听到了你对这些人说的话。我在考克斯公司工作。你愿不愿意给我一个机会改善这种状况？我向你保证，我们公司一定可以解决你的问题。"

那些人脸上的表情都非常惊讶。布莱恩当时并没有穿公司的制服，他走到公用电话旁，打了个电话回公司，公司立即派出修理人员到那位顾客家中解决问题，直到顾客满意为止。后来，布莱恩还多做了一步。他回去上班后，打了个电话给那位顾客，确定他对一切都满意后，还给顾客延长两个星期的试用期，并且为给他造成的不便致歉。布莱恩这种站在老板立场的行为，受到了公司负责人葛培特的高度赞扬，并号召公司全体员工向布莱恩学习。

其实，我们可以理解布莱恩的行为，他之所以这么做，就是把公司当成了自己的公司，他每时每刻想的都是怎样来宣传自己的公司、怎样站在公司的立场为客户服务，就算是在休假的时间，他都不放过。试想，如果这样的员工得不到老板的重视，那要怎样的员工才能得到老板的重视呢？

美国前国务卿鲍威尔出生在一个贫穷的黑人家庭。他年轻时就胸怀大志，为补贴家用，他凭借自己壮硕的身体，从事各种繁重的工作。有一年夏天，他在一家汽水厂当杂工，除了洗瓶子外，老板还要他拖地板、搞清洁等，他总是毫无怨言地认

真去干。一次，有人在搬运产品时打碎了50瓶汽水，弄得整个车间满地的玻璃碎片和团团泡沫。按常规，这是要弄翻产品的工人清理打扫的。老板为了节省人工，要干活麻利爽快的鲍威尔去打扫。当时他有点气恼，想发脾气不干了，但一想，自己是厂里的清洁工，这也是分内的活儿。于是，他尽力地把地面扫得干干净净。过了两天，厂负责人通知他：他晋升为装瓶部主管。

在职场中，只有拥有了老板的心态，拥有了老板的思维方式，才能更好地站在老板的角度思考一些问题，进而更加了解老板的想法，成为一个老板乐于接受的人，一个可托大事的人。因为一个为公司尽职尽责完成工作的人，往往已经把这份工作看成是自己的事业，自己的事业是公司事业的一部分，公司的事业也就是自己的事业。这时候，老板不提拔你，还会提拔谁呢？

如果你以老板的心态和状态来工作，那么你就会站在全局的角度重新审视自己的工作，确定这份工作在整个工作链中处于什么位置，进而寻找到最佳的工作方法，把工作做得更出色，得到老板想要的结果。以这种心态进行工作，你就不会怀疑老板，而是欣然接受上司安排的任务。

没有成为经理前，先整理一下自己的思想，这个过程中很重要的一点就是了解老板的思维方式，进而熟悉老板的心理和状态。当你完成了这个过程，就会发现你比别人进步了很多，你离老板的位置又近了一步。

第八章
为自己创造职位、暗中修炼、直逼目标

▶ 站在公司的角度处理自己的日常事务

公司是一个整体，由各个部门组成，无论离开哪个部门，它都不会正常运转。而各个部门若离开了公司这个大环境，也就失去了存在的意义。个人和公司是一体的，公司的成长离不开个人，个人的进步也离不开公司。

虽然在公司中我们各自有分工，但归根到底我们都是为这个公司服务的。因此，大家所做的每件事情都是相互关联的，所谓牵一发而动全身。身在职场，我们要有全局意识，学会站在公司的角度去处理自己的一些日常事务。

我的一个同学自大学毕业后进入公司，他的上司很器重和信任他。并派他到非洲开拓市场。为了不辜负上司的信任，他毫无怨言地离开美国，去了那片陌生而又落后的土地。

在非洲，他克服水土不服、生活不习惯等问题，尽力展开工作。这时他发现，一个人远离了公司是多么的势单力薄！为了开拓这片空白的市场，他不仅要忍受孤独寂寞，还要承受每日的辛劳和疲于奔命。他不仅要代表公司去谈业务，还要亲自去码头取货、送货，每天忙得顾不上吃饭。可他没有一句怨言，把这一切当作了总部对他的培养和锻炼。

然而，在非洲这块贫瘠的土地上，无论他怎样辛勤地劳作，都无法获得在本土时的一半业绩。两年过去了，他成了同事中进步最小、业绩最差的一个，上司对他的表现非常不满，对他的工作支持也越来越少了。

全心投入的工作换不来上司的满意和赏识，这让他对是否在非洲坚持下去产生了犹豫。在很长一段时间里，他的心情非常沮丧，感觉前途暗淡。

然而，他最终选择了坚持下来。他并没有去埋怨上司，而是与上司保持着经常性的沟通。并尽量站在上司的角度，站在公司的整体运作上看待自己的成绩和委屈。他认为，自己确实非常努力，可是上司远在异乡看不到，他看到的只是业绩，所以不能责怪他不理解自己。而非洲这块市场是公司发展战略中一个重要的组成部分，绝不能轻易放弃。

这样，他将自己的委屈放到了一边，咬紧牙关继续努力。终于，一年之后，市场情况出现了重大转机，他主持的项目成功地打入了非洲市场，并扎下了根，创造了可观的利润。而他自己，也获得了令人羡慕的升职加薪。

有些时候，我们会因为路人的一点点帮助而感激不尽，却总是无视朝夕相处的公司带给我们的种种利益。大家习惯将工作关系理解为纯粹的商业交换关系，认为相互对立是理所当然的。

虽然我们与公司是雇佣与被雇佣的契约关系，但是并不存在着对立。从利益关系的角度看，我们与公司是合作双赢；从情感关系角度看，可以

第八章
为自己创造职位，暗中修炼，直逼目标

说是一份情谊。一旦你尝试站在公司的角度思考问题，你就会发现眼前豁然开朗，这样你才能成为企业需要的优秀人才。

万强是某知名大学经济管理专业的高才生，大学毕业时，他有四个工作机会可以选择，然而，他却决定到一家小化妆品公司做经理助理。交接工作那天，前任助理告诉他："在这里简直就是浪费时间！"因为助理的任务就是收发公文、做会议记录、安排经理的行程，简单地说，就是打杂。然而，同样的工作，在不同人的眼中，却有天壤之别。万强恰恰认为，每天接触公司的决策文件，可以看出经理经营企业的思路，每次的会议记录可以让他见识到企业决策如何产生。他说："再没意思的工作，如果用老板的眼光来看待，也能看出价值所在。"

果然，几年过去了，当年那个"逃走"的助理不知际遇如何，但万强已经成为这家公司的高管之一。虽然他比以前更忙碌了，但薪水也非常可观。更重要的是，他找到了充分展现自己价值的舞台。

公司与员工就是一个利益共同体，公司发展了，个人才能发展，公司盈利了，员工收入才会提高。所以我们只有共同努力，把"蛋糕"做大，才有分享到更多"蛋糕"的机会。作为公司的一分子，你若想做出成绩来，就必须站在公司的角度去处理一些问题，和公司并肩作战，树立整体运作的观念，而不要光把注意力集中在个人的小得小失上。

工作是一件需要彼此间配合的事，所以有上司便有下属，有配合便有协作。你可以独立完成一份工作，可更多的时候你却需要借助团队的力量来更好地完成你的工作。

有时候我们总在抱怨老板怎么样怎么样，若是换位思考，假设你是上司，你对自己的工作满意吗？你对自己动辄怀疑别人针对你的态度不感到反感吗？其实上司并不是故意针对你，也不是在你面前树敌，而是希望你可以将工作做得更好，那是对你负责；如果上司对你不闻不问，对你的问题不屑一顾，懒于理会，那对你才是最危险的呢。试想一下，你只需要为自己的工作负责，而上司却需要为整个部门或全公司的工作负责，他的压力可比你大多了。

人与人的相处，很重要的一点便是将心比心。当你站在对方的立场上来分析问题时，就不会出现偏激的想法。

● 威信和影响力是升职加薪的助推器

我们每个人都想要升职加薪，升职加薪，除了要树立自己的威信，首先必须具有高尚的人格。日本一位实业家曾经这样说："权威是从组织内部自然产生出来的，是从一个人内在的实力和人格中自然渗透出来的。"

第八章
为自己创造职位、暗中修炼、直逼目标

1870年3月17日夜晚,法国当时最豪华的邮轮"诺曼底"号满载着船员和乘客,正从南安普敦到格恩西岛的航线上行驶。凌晨4点,它被高速行驶的重载大轮船"玛丽"号在侧舷上撞了一个大窟窿,船体迅速下沉。人们立刻惊慌失措地涌向甲板。就在这时,船长哈尔威镇静地站在指挥台上说:"全体安静,注意听命令!把救生艇放下去,妇女先走,其他乘客跟上,船员断后。必须把至少60人救出去!"船长威严的声音,稳定了人们的情绪,当大副报告"再有20分钟船将沉没海底"时,他说:"够了!"并再一次命令:"哪个男人敢抢在女人的前面,就开枪打死他!"

于是,没有一个男人抢在女人前面,更没有一个人"趁火打劫",一切都进行得井然有序。在生死关头,人们完全有不服从船长命令的可能性,而正是船长的威信使局面得以控制。在他要抢救的60人中,竟把他自己排除在外!船长哈尔威一个手势没做,一句话没说,随船沉入了大海。这就是无法比拟的威信的力量。

品格是决定领导人自身价值高低的最重要因素之一,也是个人魅力的重要源泉。法国前总统戴高乐曾说过:"那些具有高尚品格的人会放射出磁石般的力量,对于追随他们的人来说,他们是最终目标的象征,是希望之所在。"

根据吸引力法则，你是一个什么样的人，你的身边就会围绕一群什么样的人。身在职场，先要树立自己的威信，进而扩展自己的影响力，才能吸引一些志同道合的人，帮助你在职场走得更顺利。

美国首任总统华盛顿在领导独立战争和组织联邦政府的过程中，曾发挥了巨大的领导和协调作用，而这些作用的有效发挥，直接得益于他的伟大人格所产生的巨大感召力和激励作用。

华盛顿的身材非常魁梧，体重约90公斤，棕色头发，灰蓝色眼睛，天庭饱满，神采飞扬。他受人尊重和服从，却不傲慢自大，"亲切"和"谦虚"是人们对他最中肯的评价。"要平易近人，切勿太过狎近，"他告诫他的军官们，"这是赢得尊重的必要条件。"除此之外，他还教育他们："要学会宽恕别人的错误，这是你赢得别人尊重的秘诀之一。"

当华盛顿还是一位上校时，他率领部队驻守在弗吉尼亚州的亚历山大镇。在选举弗吉尼亚州议会的议员时，有一个名叫威廉·佩恩的人反对华盛顿所支持的候选人。同时，在关于选举程序的问题上，华盛顿与佩恩也发生了冲突。华盛顿出言不逊，冒犯了佩恩。佩恩一怒之下，将华盛顿一拳打倒在地。华盛顿的部下闻讯后，群情激愤，马上把部队开了过来，准备教训一下佩恩。华盛顿当场加以阻止，并劝说他们返回营地，一场干戈就这样避免了。

第八章
为自己创造职位、暗中修炼、直逼目标

第二天一早,华盛顿派人送给佩恩一张便条。要求他尽快赶到当地的一家小酒店。佩恩怀着凶多吉少的心情如约而至,他猜想华盛顿一定要和他进行一场决斗。然而出乎意料的是,华盛顿在那里摆下了丰盛的宴席。华盛顿见到佩恩,立即站起来迎接他,并笑着伸出手说:"佩恩先生。犯错误乃人之常情,纠正错误是件光荣的事。我相信昨天是我不对。你已经在某种程度上得到了满足。如果你认为到此可以解决的话,那么请握住我的手,让我们交个朋友吧。"华盛顿热情洋溢的话语感动了佩恩。从此以后。佩恩成为了华盛顿最坚定的支持者之一。

华盛顿目光远大,心胸豁达,坚定果断而又谦逊质朴。他一生的行事为人,处处让人体会到他的真诚和执着。他功勋卓著,却不贪恋权力,即使在处于权力巅峰,统率千军万马时,他也从来没有自我膨胀,没有任何狂妄的野心。他作风平和,踏实认真,话语不多,但他的每一次讲话都发自内心,真挚感人,字字句句都打动人们的心扉。

作为美利坚合众国的第一任总统,他肩负着组建联邦政府机构的重任。他心胸宽广,把美国第一流的人物都纳入了联邦政府。为了确立联邦政府的威信,他力求从人的才能和品德两方面来选择人才。他对各部官员的选择有两个条件:要受到人民的欢迎和爱戴,要在人民中间有影响力,二者缺一不可。面对政府内阁中的党派之争,他总是冷静地用超群的智慧加以调解。他从不利用手中的权力压制别人的意见。他对别人表现出来的杰出

才干，毫无卑劣的嫉妒之心，他把当时美国最伟大的政治家都团结在自己周围，使之为国家造福。

  伟大、诚实、纯洁和高尚的品格，是我们身在职场必须具备的品格。人与人交往，常常是意志力与意志力的较量，不是你影响他，就是他影响你。想在职场中有所作为，就必须建立自己的权威，树立自己的威严与影响力，并适当地注意自己的身份，在平时要注意自己的言行举止，因为你的一举一动，都将影响到周围的其他人。

CHAPTER 09
第九章

胆识大小,决定着职场位置的高低

GET PROMOTION
PAY RISE BE GENERAL
MANAGER

胆识有多大，事业就有多大

胆识有多大，事业就有多大；心胸有多宽，路子就有多宽。

胆识是一种重要的心理资源，胆量、冒险、判断、行动力、执行力，这些是胆识的构成成分。敢不敢需要勇气，信不信需要远见，试不试就需要胆量。

有胆识的人有一种敢想敢干、敢闯敢冒险、敢作敢为的英雄气概！智者与凡人之间，成功与失败之间，强者与弱者之间，往往就是那一点一滴之差。这一点一滴，就是胆识。

机遇随时都会与你擦身而过，就看你有没有胆量去抓住它。

职场就如战争一样残酷，但万事勇为先。在这个成王败寇的年代里，若想成就一番事业，就必须练就一身胆气。要想在职场中抓住机会打败对手，获得升职加薪的机会，完全靠的是一个"胆"字。

第九章
胆识大小，决定着职场位置的高低

某公司经理叮嘱员工说："你们谁也别走进那个没有挂门牌的房间。"结果，就是没人敢进。一个新来的员工听说后，问为什么？没有人能说得清楚。那个员工不但进去了，还发现桌上有一张纸牌，上面写着：交给经理……他便拿出来，要亲自去交给经理，其他员工见状都上前劝他不要交，可怎么劝也劝不住，他还是拿去交了。大家都认为这个人完了，很快就会被经理炒鱿鱼的。

但是第二天，总经理召集了全体员工大会，当众宣布：任命那位送纸牌的员工为销售部经理，原因就是："我终于找到了一个不为规矩所约束并敢闯禁区的人。"

"撑死胆大的，饿死胆小的。"这句流传下来的话是有其道理的。胆量能帮助我们抓住更多的机会，而一个机会往往就会改变人的一生。特别是在竞争异常激烈的职场，要想捷足先登，抓住升职加薪的机会，就要敢于大胆地去尝试，去追寻自己的梦想。

胆大者能做到临危不乱、处变不惊，必要时还敢背水一战、破釜沉舟。一个人没有敢为天下先、勇于承担风险的胆量，任何时候都成不了大业。不信看看那些成功人士，哪个没有敢闯敢试敢干的过人胆略？

陕西小伙子李铁，被称为"股神"。25岁开始炒股，26岁拥有1亿余元资产，28岁拥有3亿余元资产。股神是怎样炼成的呢？就是用胆量炼成的！

大学毕业后，李铁被分配到机关，成为一名让人羡慕的国家干部。但在1993年，小平同志南巡的第二年，李铁砸了自己的饭碗，决定去实现自己的财富梦想。他先是出售自己研制的游戏卡，结果出手不凡，两年就赚到100多万元。

1995年7月，李铁登上了南下深圳的航班。那时候内地股市刚刚启动不久，对商业运作和时代气息天性敏感的李铁便认准了股票是新事物，国家肯定要扶持的，不会任其自生自灭。因此，在别人还在观望的时候，李铁豪情万丈地投身于股市。经过一段时间的摸索，他找到了在股市赚钱的规律。

1996年春节前后，李铁果断出击了，他一口气买进的"深发展""四川长虹""东大阿尔派""深科技"等一系列股票，结果像预期的那样全面上扬。这时候，许多人见好就收，纷纷抛出。而李铁不仅不退，反而再度杀入，股票好像与他约好似的，也一路上扬。到了11月份，李铁除"东大阿尔派"和"武凤凰"外，全线退出。结果奇迹再度出现了，沉寂了近3个月的那几支股票，全面下挫，而唯独这两支却涨幅最大。这时候，李铁100万元的资金变成了1个亿，他因此成为深圳最年轻的亿万富翁。

1997年2月，李铁倾其所有，买下了他反复研究过的股票，就在当日，深沪大盘反转，再度一路上扬，李铁一下子就拥有了数亿资金，成了名副其实的亿万富翁！

为什么很多高学历、高智商的人在职场上不是很顺利，相反，那些学历并不高、智商也不高的人却风生水起？就是因为他们敢想、敢干、敢闯。

第九章
胆识大小，决定着职场位置的高低

你的胆子要比别人大，敢做他人不敢做的事情，即使失败，下次还是会抢着上，也许你的大胆会被清高的人不屑一顾，但正是你的大胆为你抓住了更多发展的机会，让你离成功越来越近。

▶ 拥有胆识比拥有才能更重要

身无分文的穷光蛋居然能成富豪，这在许多人看来根本就是不可思议的事情。世界上每天都会有奇迹发生，这样的奇迹确实存在于我们的生活中，由穷光蛋而成为富豪，关键是他们敢想敢做，用胆量去实现自己的梦想。

在我们的灵魂深处，一直把才能看得很重，认为只有才能才能帮助我们抓住升职加薪的机会。可是你有没有想过，我们需要机会施展自己的才能，而这样的机会需要我们凭借勇气去争取。

没有地位、财富，不重要，只要你有胆量，能把愿望付诸行动，从某种程度上说，你已经成功了一大半。无数成功升职加薪的例子证明了：如果说升职加薪需要条件的话，那么首先需要的是——胆量。

没有超人的胆识，就没有实现理想的能力，有些事情一旦想好了，就大胆去做。即使在条件不成熟的条件下，只要你拥有超人的胆识，也能迸发出难以想象的力量。

一个园艺师向一个日本企业家请教："社长先生，您的事业如日中天，而我就像一只蚂蚁，在地里爬来爬去的，一点出息也没有，什么时候我才能赚大钱，能够成功呢？"

企业家对他和气地说："这样吧，我看你很精通园艺方面的事情，我工厂旁边有2万平方米空地，我们就种树苗吧！一棵树苗多少钱？"

"40元。"

企业家又说："那么以一平方米地种两棵树苗计算，扣除道路，2万平方米地大约可以种2.5万棵，树苗成本刚好100万元。你算算，3年后，一棵树苗可以卖多少钱？"

"大约3000元。"

"这样，100万元的树苗成本与肥料费都由我来支付。你就负责浇水、除草和施肥工作。3年后，我们就有600万的利润，那时我们一人一半。"企业家认真地说。

不料园艺师却拒绝说："哇！我不敢做那么大的生意，我看还是算了吧。"

一句"算了吧"，就把到手的成功机会轻轻地放弃了。我们每天都梦想着成功，梦想着升职加薪，可是机遇到来的时候，我们却成了胆小的人，没有了去尝试的勇气，更多的是对失败的顾虑，以致失去了成功的机会。

胆识不是天生就有的，要靠我们一点点地练就，这需要一个过程。为了消除或减少恐惧，以增强胆量，在实际工作中就要相信自己，并努力工作，与此同时，不断强化对自己的信任，集中精力关注主要问题；在做任何事情之前都认真准备、制订计划，力争成功。如果想要在职业生涯中取得成功，那么你的眼里就只有成功，没有失败，敢冒风险，但同时也时刻在研究可能出现的后果。

胆识比才能重要。如果想要升职加薪，就要让你的老板看到你是一个有胆识的人，而且你确实是一个有胆识的人。

敢想敢干，才能创造感动人生的事业

勇气是成功与失败的分水岭。很多时候，成功的门都是虚掩着的，勇敢地去叩开成功之门，呈现在眼前的将是一片新天地。

在许多时候，成功者与平庸者的区别就在于你有没有勇气，你是不是一个敢想敢干的人。有足够勇气的人可以过关斩将，勇往直前，平庸者则只能畏首畏尾，知难而退。

蒙哥马利在他的回忆录中这样说："要取得成就，有很多必要条件，其中两条非常重要，那就是苦干和正直。现在得再加上一条：勇气。"

17世纪的法国著名将领图朗瓦以身先士卒闻名，每次打仗都站在队伍的最前面。在别人问及此事时，他直言不讳道："我的行动看上去像一个勇敢的人，其实自始至终我害怕极了。我没有向胆怯屈服，而是对身体说——'老伙计，你虽然在颤抖，可得往前走啊！'于是毅然地冲锋在前。"

勇敢，不但要敢想，还要敢干。我们都想在职场中创造一片属于自己的天地，但每个人在工作中的姿态不一样，最后的结果也不一样。敢想的人，心里波涛汹涌，表面风平浪静；敢干的人，我们只看见一个职场上的行动派，其实连他自己都不知道想要去哪里；敢想敢干的人，早晚会成功踏上自己想要涉足的领域。

有女强人之称的吴士宏女士，原来是一名护士。对于自己的成长历程，她回忆说，至今她还清楚地记得，当年在长城饭店门口，自己足足徘徊了五分钟，呆呆地看着那些各种肤色的人如何从容地迈上台阶，如何一点也不生疏地走进门去，就这样简简单单地进入另一个世界。她之所以徘徊了五分钟不敢进去，就是因为她的内心深处无法丈量自己与这道门之间的距离。

她终于鼓足了勇气，迈着稳健的步伐，走进了世界最大的信息产业公司驻北京办事处。后来，她成为IBM华南地区第一个总经理。

在职场中，有时我们会发现自己的先天条件并不如常人，而且上天给你安排了比别人更多的苦难。即使是这样，勇气也会为你增添一份可贵的强大动力，帮助你升空高飞，向着目标和理想不断进发。

19世纪英国女作家乔治·艾略特曾说："犹豫代表了胆怯，意味着害怕

第九章
胆识大小，决定着职场位置的高低

失败，在害怕失败，而丧失勇气去尝试的同时，亦失去了唯一一点你可能成功的理由。"

身在职场，带着勇气去敲响成功的大门，你就有成功的希望。

我们无法预见自己的未来，人们在做某件事之前，不可能百分之百地预见到这件事情全部的进程和结局。如果你要等到十拿九稳时才肯举步向前，那你只能成为一个毫无建树的追随者，成不了某一个领域的拓荒人。所以，我们要敢想敢干，别让犹豫不决和畏首畏尾成为你成功的绊脚石。

美国汽车大王艾柯卡就曾直言不讳地说："我决不能百分之百地掌握你所需要的情况，在一定程度上我做事全凭勇气。"

每个人都在渴望成功，但是通往成功的道路上，风和日丽的坦途只是一个装饰，我们更多的是会遇到崎岖不平的坎坷，此时，就需要你有一种披荆斩棘和承受厄运的勇气了。

大学毕业后，丁磊回到家乡，在宁波市电信局工作，旱涝保收，待遇很不错。但丁磊感到了一种难尽其才的苦恼。1995年，他从电信局辞职，遭到家人的强烈反对，但他一心想出去闯一闯。"这是我第一次开除自己。人的一生总会面临很多机遇，但抓住机遇是有代价的。有没有勇气迈出第一步，往往是人生的分水岭。"

他选择了广州。初到广州，走在陌生的城市，面对如织的行人和车流，丁磊越发感到财富的重要性。最现实的是一日三餐，身上带的钱不多,他得省着花。他最大的愿望就是找到一份工作,哪怕钱少一点,总比漂泊着强。不知道去多少个公司面试过,不知道费过多少口舌,凭着自己的耐心和实力,丁磊终于在广州安定下来。1995年5月,他进入外企工作。

1997年6月,丁磊决定创办网易公司。

知道自己真正想要什么,自己能够做什么,然后勇敢地去做,这才是成功的必要素养。认准目标,勇往直前,是一切职场中成功者的经验。

不知道你是否知道这样的事实:不是因为事情难做,我们才不敢做,而是因为我们不敢做,事情才难的。要想在职场中成为一个成功者,对你来说重要的是学会在困难时刻如何坚持前进。成功并不像我们想象中的那么难,关键是要去尝试,在实际的经历中去考验我们的能力,去提高我们的能力,一步步朝自己的目标进发,离成功就会越来越近。

当紧急情况发生或问题出现时,就是考验我们勇气的时候,此时我们要学会勇敢面对,并且选择坚持,要相信勇敢出才干。经历这个过程,我们比想象中的自己要强大一百倍。确实,很多时候是我们陷在了自己想象的困难中,无法自拔,完全成了自己吓自己的形象。

所以说,很多时候并不是你的能力不行,也不是没有机会,而是你不够勇敢,骨子里有一种天然的惰性,一遇上困难就退缩了、放弃了。

如果你努力成为一个敢想敢干的人,抓住一切能抓住的机遇,去尝试,去挑战,去接触更高层面上的东西,去强大自己,那职场上升职加薪的人不是你会是谁?

第九章
胆识大小，决定着职场位置的高低

◐ 对于陌生的新项目要敢于挑战

在漫长的人生路上，多数人就像毛驴拉磨一样，永无休止地围着磨盘一圈圈地走着，走完一圈再走下一圈，直到生命的最后一刻。

有的人，走着走着就会感觉到厌倦，他们不甘于再这样一圈圈地重复走下去，他们要另外开辟一条路子，为自己的生活增添一些新鲜的东西。他们尝试着走出了圈外，于是他们看到了别人无法看到的事物，得到了别人没有得到的东西。因为他们的见识超过了常人，所以他们的财富超过了常人，成了成功者。

人在职场，要想取得成功，必须敢于打破常规，不受常规的束缚，敢于去开辟一片新天地，这样你才有可能获取到那些在常规中得不到的绚丽瑰宝。

要想升职加薪，就要打破常规，做别人没有做过的事情，想别人没有想过的想法，踏足别人没有踏足过的领域。要知道，上天总是把最美的果实留给那些敢为人先的人。

每个人都有自己的路，不要跟随别人的脚步，做与别人一样的事情，走与别人相同的路。要知道，在这个世界上，没有任何成功者的人生是一样的。

邓国顺1967年出生于石门县一个贫苦农民家庭。1989年，邓国顺于中山大学毕业后，当时赫赫有名的万宝冰箱厂录用了他。工厂付给他当时令人眼红的400元月薪。但三个月后，他却放弃了这份来之不易的高薪工作，离开单位去读中科院的研究生。

人们都以为获得硕士文凭之后，他会找一个比万宝冰箱厂更高薪酬的工作。谁知三年后他到联想公司，得到的月工资是300元。有人问他："你读了三年书，现在和在万宝冰箱厂有什么差别？"他笑而不答。

一年后，他拿着中山大学本科、中科院硕士和联想工作一年的学习工作简历，应聘于新加坡的一家多媒体公司，从30个中国面试者中脱颖而出，拿到了月工资相当于10000元人民币的薪酬，开始了为期6年的异国打工生活。

邓国顺来到新加坡后，先后在3家软件公司任职，后来还进了世界名企飞利浦亚太地区总部。在国外打工期间，他对企业的运转和流程等方面的知识做了详尽的了解。他觉得这些知识今后一定能派得上用场。

在新加坡，他认识了一位同行，两人一拍即合，合资在当地开办了公司。他又一次炒了自己的鱿鱼。那次创业九死一生，许多人对此感到不解，有好工作，有好前程，为什么总要把自己从浪峰推向谷底。但是他义无反顾地做了。

最终，他成功了，创立了朗科公司，开发出了世界上第一款闪存盘。

对于邓国顺，几乎可以用"奇迹"来形容，他一次次把自己推向"绝境"，却每次都能从绝境中脱颖而出。

第九章
胆识大小，决定着职场位置的高低

在职场中走自己的路，就意味着与众不同，步他人后尘永远不会有光辉的前景，另辟蹊径才可能开拓出一个崭新的未来。

在激烈的职场竞争中一定要有"敢为天下先"的勇气和魄力，特立独行才有可能脱颖而出，要拥有独特的眼光和敏锐的观察力，想前人所不敢想，做他人不愿做的事情。

1982年，在美国《幸福》杂志上所列的全美500强大企业名单里，赫然跃上了一个名不见经传的电子工业公司——苹果计算机公司。一年之后，奇迹再次发生。年轻的苹果计算机公司青云直上，一举跃到了第291位，营业额达9.8亿美元，它的迅速发展引起了美国企业界的极大关注。是谁采用了什么策略取得了如此大的成绩？

领导这家公司的是两位年轻人——史蒂夫·乔布斯和斯蒂芬·沃兹尼亚克。当时，在美国，许多计算机生产厂家都把研制和生产的重点放在大型计算机上，史蒂夫和斯蒂芬却决定另辟新路，将注意力集中到个人计算机上。经过长期艰苦的努力，他们终于在1976年研制成功了一台家用电脑，命名为"苹果1号"。当他们把这台电脑拿到俱乐部去展示时，立刻吸引了不少电脑迷，他们纷纷要掏钱购买，一下子就订购了50台。从此，局面打开了，他们的订单源源不断。1977年，"苹果计算机公司"正式宣告成立。

到1981年，苹果计算机公司生产的个人计算机占据了美国市场上个人电脑总销售量的41.2%。在畅销书《硅谷热》中，对于苹果计算机公司发迹和崛起的速度极为赞叹，认为"一家公司只用了5年时间就有资格进入美国最大的500家企业公司之列，这还是有史以来的第一次"。

聪明的人都不喜欢与别人同食一碗饭，他们的高明之处就在于能够把小机会变成大机会，把大机会变成更大的机会。他们不随大流，眼光独到，另辟蹊径，在别人还"没睡醒"之前，就把赚来的钱塞进了自己的口袋里。

爱因斯坦说："想别人不敢想的，你已经成功了一半；做别人不敢做的，你就会成功另一半。"身在职场中的我们要懂得从看似普通的事物中看出不寻常，懂得想前人所不敢想。只有这样，才能比别人站得更高，比别人走得更快。

职场上你比别人站得更高，比别人走得更快，升职加薪的机会自然就比别人多。

▶ 只要你有豁出去的勇气，就会有丰硕的成果

豁出去，我们需要冒险精神。身在职场，讲究的是稳中求进，但是，冒险精神也是职场人必备的素质之一。拥有冒险精神的人总能获得意外的礼物。

冒险不是一味地蛮干，也要规避风险。那如何规避风险呢？就需要在"胆大"的同时还要"心细"。

第九章
胆识大小，决定着职场位置的高低

职场需要胆大，这点是毫无疑问的，但也需要心细。克劳塞维茨在其大作《战争论》中指出：一个优秀的将军，勇气与谋略应该平衡发展。勇大于谋，会因为轻举妄动而导致失败；谋大于勇，则会因为保守而贻误战机。

职场如战场，豁出去也不是一味地蛮干，而是以自身知识和经验为后盾，凭借自己的远见卓识、果敢迅猛的冒险精神，当机立断地做出决策并付诸实施。

有理智的勇敢是冒险，无理智的勇敢就是冒进。

所以当你在职场中冒险时，一定要分清冒险与冒进的关系，要区分清楚什么是勇敢，什么是无知。

谭仲英在一家钢铁公司当推销人员，从此以后，他与美利坚的钢铁工业结下了不解之缘。经过数十载的苦心经营，到1964年，谭仲英建立了第一个属于自己的钢铁公司。不过，富有冒险精神的谭仲英并不满足于做个小老板，他接二连三地买下了许多破产公司。1980年，他买下了在美国炼钢厂中排名第十一位的麦克罗斯钢铁厂。1981年，他在全美已拥有20个与钢铁有关的企业。谭仲英所经营的公司进入了资产达10亿美元以上的私营企业行列。从此他所经营的企业进入了蓬勃发展的时期。

谭仲英经营管理成功的秘密就在于他那敢于冒险、敢为他人所不敢为的作风，就在于他胆大心细、善于见机行事的作风。

当今社会，竞争尤为激烈，商场如战场，根本就不存在完全不需冒险的机会。谭仲英的创业史表明，他的确是一个敢于冒险的人。不管其中冒险的成分有多少，但隐藏在那大胆作风背后的，肯定有精心的谋划。这个人绝不是那种头脑简单、莽莽撞撞，到处乱撞的冒险家。

1982年，美国工业出现了严重的衰退，粗钢产量大幅下降，只有6570万吨，比1981年减少了40.1%，美国7家最大的钢铁工业公司的业务亏损总额在1982年的前9个月内超过了10亿美元。

居世界第七位的美国伯利恒钢铁公司，因亏损巨大，不得不在1982年底宣布：永久关闭设在纽约州拉卡瓦纳和宾夕法尼亚州约翰斯顿的两个分厂，这一举动让近1万名工人失业。更为严重的是，伯利恒钢铁公司的下属麦克罗斯钢厂竟在一个季度内就亏损了1亿美元。亏损如此惨重，麦克罗斯钢厂虽竭尽全力但仍无力回天，大钢厂前途叵测，4000多名员工面临即将失业的命运。在这种情况下，谭仲英经分析思量，冒着风险，买下了这个钢厂，这个冒险之举后来为他带来了丰厚的回报。

谭仲英冒险收购即将倒闭的工厂，并使濒临破产的工厂扭亏为盈。随后，再以高价把工厂卖出，再做更大的投资。

是冒险的精神让谭仲英在事业上取得了巨大的成功，是冒险精神让谭仲英在短短几年中，快步入围美国最大的私营企业行列。

敢于冒险，敢作敢为，是强者的重要性格特征。一些开创性的工作总是充满着风险，需要我们有豁出去的勇气，大胆地去尝试。只有敢于冒险的人，才能在风险面前毫不畏惧，敢于挑战充满风险的领域；只有敢于追

第九章
胆识大小，决定着职场位置的高低

求平常人不敢追求的目标，也才有可能取得常人永远无法取得的成就。

在风险面前胆怯的人，不敢去做前人未做过的事，不敢去攀登前人未曾攀登过的高峰，当然也不会体验到冒险的刺激与成功的喜悦，结果只能是永远也不会有所作为，甚至被时代所抛弃。但是，冒险不等于莽撞，在冒险中需要有谨慎的态度。有了谨慎的态度，跌的跤肯定会少一些。在复杂多变的现代社会做生意，若处处谨小慎微，过分慎重，也会吓得不敢行动，从而错失良机。

◐ 任何时候都别前思后想，否则将与机遇擦肩而过

无论做什么事，付诸行动尤为重要。想到就去做，而且要大量地去做、持续不断地去做，这样，你才能到达理想的彼岸，才能登上成功的列车，在职场中你才能抓住升职加薪的机会。

一位名人曾经说过这样一句话："理想是彼岸，现实是此岸，中间隔着湍急的河流，行动就是架在两岸的桥梁。"想到就要去做，你一分钟的前思后想，一分钟的迟疑，都有可能让你错过机遇。

在职场中要想升职加薪，就要去做升职加薪的人应该做的事情，而且要立刻去做，迟疑之间，别人就会捷足先登。

无论在哪个领域，不努力去行动的人，都不会获得成功。人的一生，可以有所作为的时机只有一次，那就是现在。任何一个愿望和梦想都有实

现的可能，只是任何一种理想的实现都依赖于你的实际行动。

如果我们有理想，却什么也不做，只把它放在那里，静静地等待命运给我们实现的机会，那这个理想就永远只是一个空想。虽然行动并不一定能带来令人满意的效果，但不采取行动是绝对无满意的结果可言的。

机遇和成功之间不能直接画等号，要将机遇转化为成功，需要的是去做、去做、再去做。升职加薪这件事和升职加薪的机遇本身也不能画等号，需要我们付诸行动才有可能成为现实。如果你前怕狼后怕虎，想到这儿又考虑到那儿，犹豫不决，那你永远只能停留在原地，看着别人升职加薪，风光无限。

当年，迪士尼为了实现他心中的梦想，不断地呼吁去建造一个乐园。可是当时有非常多的人反对他，有的人担心会对环境产生影响，有的人担心他的资金有问题，有的人甚至怀疑他的头脑有问题，有的人说政府不会批那么大的一片地……可是迪士尼不断地去想各种各样的方法。资金方面有问题，他跑了143次银行。他积极地寻求各方面资源的支持。最后，他梦想中的迪斯尼乐园，终于在美国开始兴建，到现在，已被复制到世界各地。

只有启程，我们才会向理想的目标靠近。只有行动，我们才能牢牢地将升职加薪的机会抓在手里。无论你的梦想和目标是什么，这些都只是你成功的开始，更主要的是，立即开始实实在在的行动，从而看到成功的希望。

洛克菲勒说："不管一个人的野心有多大，他至少要先迈出第一步，才能到达高峰。一旦起步，继续前进就不太困难了。工作越是困难或不愉快，

第九章
胆识大小,决定着职场位置的高低

越要立刻去做,坚持每天迈步向前,日积月累,慢慢就能实现目标。"

一分耕耘,一分收获。你有怎样的付出,就会有怎样的收获,天上不会掉馅饼。你想收获,一定要有起码的付出。

在这个世界上,你想得到多少,就得付出多少。要想成功,就要把希望放在明天,把计划放在今天,把行动放在现在。

李光前先生是颇具经营才干的新加坡企业家。但是,在他独立创业的初期,他的经营理念并不被别人所认同。但李光前先生没有轻易放弃自己的见解,终以他超人的胆识赢取了财富的青睐。

一次,李光前想购买橡胶园,恰巧有一个准备回国的商人想把麻坡1000英亩的橡胶园以10万元出售。可是,他的岳父陈嘉庚先生极力反对,理由是那个橡胶园时常发生猛虎伤人的事情,这样工人不敢去割胶,胶园再便宜也会赔的。

对于李光前来说,自己从一个苦孩子成为名门之后,当然是和陈老先生的指点与帮助分不开的。这一点,李光前永远感激。但是,他更不想让老先生失望,他要青出于蓝而胜于蓝。

于是,李光前开始围绕那块橡胶园进行大量的信息收集和市场调查,之后他得出了一个大胆的见解:政府已经准备在麻坡修建公路,在修建公路的过程中,原来空旷的公路上施工人员和车辆都会增多。修好公路后,来往的行人车辆会更多。这么热闹的公路老虎会因害怕而另择他处,那时胶园的价格也会成倍地增长。再说,正是因为现在有老虎侵扰,那位商人才急于出手,售价才这么低。如此大好的机会怎能错过？

虽然他的理由很充分，但毕竟是独立创业，陈嘉庚老先生对他还是不放心。他担心一旦买下来，事情不会像李光前想象的那么好，不但赔钱，还会打击他创业的积极性。因此，并没有马上答应他借款的请求。

因为李光前是初次独立创业，资金还是要依靠老先生的，所以他暂时等了两天。

几天后，他见老先生丝毫没有同意的意思，想到机不可失，他做出了大胆的决定，擅自行动，预付了橡胶园的定金，最终还是按照自己的意愿把胶园买下了。

时过不久，李光前的预言实现了，政府在麻坡修建的公路，使他的橡胶园价格暴涨了3倍。1928年，李光前把买下仅一年的胶园以40万元的高价出售。前后不到一年，李光前净赚了30万元。李光前用这笔钱创立了自己的公司——南益树胶公司。后来他的生意越做越大，最终发展成为东南亚橡胶大王。

在我们的工作中，我们都想升职加薪，但当事情进展得不像自己想象的那么顺利时，许多人难免瞻前顾后，左思右想，没有了自己的主见。要想在职场中成为一颗耀眼的明星，就要做一个行动派，不瞻前顾后，不前思后想，用实践去实现你的理想，用实践去抓住升职加薪的机会，别在犹豫中错过人生的精彩，也错过了职场中的机遇。

CHAPTER 10
第十章

有责任心，才配得上
高职位高薪水

GET PROMOTION
PAY RISE BE GENERAL
MANAGER

● 责任心——职场人士立足之本

做好我们的本职工作，我们需要有一份责任心。即使我们做着一份非常不起眼的工作，也不能将责任心丢弃。有了这一份责任心，不管是不是自己的"分内"事，只要与你所在的单位有关，就该以认真负责的态度去对待。

为什么有些人总是比其他的人更能成功、能赚更多的钱呢？这些人不但拥有令人羡慕的工作、良好的人际关系、健康的身体，而且整天还是那么快乐，似乎他们的职场生活就是比别人过得好。可是在看到这些人快乐模样的同时，我们也听到了一些每天忙忙碌碌却碌碌无为的人的唉声叹气。其实，人与人之间没有多大的区别。但为什么有许多人能够获得事业上的成功，而有些人却不行？这个秘密就在于你是用什么态度来对待工作，对待公司，对待职场的。

在这个世界上，没有不需要承担责任的工作，也没有不需要完成任务

第十章
有责任心，才配得上高职位高薪水

的岗位，一个勇于承担责任的员工才是一个好员工，才是老板们需要的人才。

一个不能承担责任的员工，不但得不到晋升，甚至连工作机会都可能丧失掉。只有具备责任心，才能让个人的价值得到实现，也只有具备尽职尽责精神的人，才会受到重视和提拔。

> 大卫是一家家具厂的采购员。公司派大卫去采购一批木材。大卫并没有直接去找供货商联系，而是先到木材市场做了一番深入细致的调查。他联系了几个同行，大家在一起交流后，大卫发现自己所要采购的这批木材的市场价格比供货商开出的价格要低五个百分点。于是，大卫对市场做了进一步的研究分析，很快得到了供货商的价格底线。大卫并没有隐瞒这个事实，立即将自己所掌握的信息向公司做了汇报，在接到公司要求大卫全权负责的通知之后，他开始找供货商谈判。由于已经对市场做了调查，大卫并没有被供货商的花言巧语所迷惑，最终以很低的价格签订了购买合同。基于大卫对公司做出的贡献及对工作认真负责的态度，他很快受到了公司的重用，被任命为供应部门的主管经理。

大卫的这种责任心，是无论从事一种什么样的职业，或处于一个什么样的工作岗位，都要抱有的一种态度。在责任心的驱使下，你才会有把一切都做得完美的追求，反过来才会塑造一个出类拔萃的你——老板心目中一个卓越员工的形象。社会学家戴维斯说："放弃了自己对社会的责任，就意味着放弃了自身在这个社会中更好的生存机会。"在工作中拥有这份责任心，就没有做不好的事情。

工作中，我们经常能听到各种各样的借口。其实，每一个借口，都只是我们想逃避困难和责任的表现，虽然这样能给我们一些暂时的慰藉，但长时间这样做，会给我们的职场生涯带来严重的危害。

借口不是一个好东西，在我们的工作中可不是什么好角色。借口会让员工对工作消极颓废，遇到困难和挫折，不去积极想办法克服，而是找各种理由逃避；工作中出现问题时，不愿承担责任，把本应该自己承担的责任推卸给别人。一个没有责任感的员工，是不可能获得领导信任和同事支持的。别忘了，借口只能让人逃避一时的责任，不能让我们永远游离于责任之外。

在这个竞争如此激烈的社会，你要想升职加薪，就要做到优秀；要想做到优秀，就必须具有强大的执行力，拒绝任何借口，哪怕是那些看似合理的借口。一个没有执行力的人，他所有的能力都得不到应有的发挥，他的潜力自然也就没有得见天日的机会。

某物流公司要裁员，名单公布了，有行政部的小张和小曹，规定一个月后离岗。那天，大伙看她俩都小心翼翼地，更不敢多说一句话。因为她俩的眼圈都红红的，这事摊到谁头上都难以接受。第二天上班，小张心里憋气，情绪仍然很激动，什么也干不下去，一会儿找同事哭诉，一会儿找主任申冤，什么订盒饭、传送文件、收发信件这些她应该干的活，全扔在一边，别人只好替她干。而小曹呢，也哭了一个晚上，可是难过归难过，离走还有一个月呢，

第十章
有责任心，才配得上高职位高薪水

工作总不能不做，于是她默默地打开电脑，拉开键盘，继续打文稿、打通知。同事们知道她要下岗，不好意思再找她打字了。她特地和大家打招呼，主动揽活儿。她说："是福不是祸，是祸躲不过，反正也就这样了，不如好好干完这个月，以后想给你们干都没机会了。"于是，同事们又像从前一样，"小曹，把这个打出来，快点儿！""小曹，快把这个传出去！"小曹总是连声答应，手指飞快地点击着，辛勤地复印着，随叫随到，坚守着她的岗位，坚守着她的职责。一个月后，小张如期下岗，而小曹却被从裁员名单中删除，留了下来。主任当众宣布了老总的话："小曹对待工作很有责任心，像小曹这样的员工公司永远也不会嫌多！"正是小曹的工作责任感让她保住了这份工作，也因为有小曹这样的员工，一个企业才能够走得长远。

每一个职位所规定的工作内容就是一份责任，你做了这份工作就应该担负起这份责任。每一位员工要尽职尽责，忠于职守，本着干一行爱一行的态度，对自己的工作负起责任，只要你在工作中担起了你的责任，你就是老板最需要的员工。

老板需要有责任心的员工。承担责任，认真工作，对一个优秀的员工来说，感受更多的不是压力而是一种快乐和幸福；对企业老板来说，这样的员工都是可以真正放心的员工。老板们都是慧眼识英才的，员工的表现如何他们心目中比谁都清楚，他们会把升职加薪的机会提供给那些富于责任感、敢于承担责任、"可托大事"的抢手员工。

▶ 做一个有责任心的人，充满激情地工作

大抵成功的人，身上都具备一个共同的特点，那就是激情。没有激情就没有动力，要想在职场中取胜，我们必须要将全部激情投入到工作中去。激情带来成就，激情创造成功，工作有激情才会出成效。激情是什么？《辞海》释：激情是一种强烈的、具有爆发性的、难以抑制的感情。激情是一种态度，一种精神，一种责任，一种追求，一种境界，一种动力。带着激情去做一件事情，人的能量会增加好几倍，甚至思维活动也会加强很多。

比尔·盖茨每天工作十六七个小时，有人觉得他是一个工作狂。你去跟他讨论工作的时候，他会非常愿意；可是突然你问他一个跟工作不相关的问题，他马上就失去了兴致，他会觉得这个事情没有意义。他对公司业绩的要求很高，比如说一般公司，市场占有率如果达到82%，就会觉得简直是太高了，怎么会有这么高的水准？可是比尔·盖茨第一个反应是剩下18%的市场占有率还被哪家公司占领？他还津津乐道地去演讲，去宣传他的数字神经系统的概念。他出了两本书，第一本书叫作《拥抱未来》，重在阐述信息高速公路的远景；第二本书叫作《数字精神系统》，重在阐述一个数字化时代的到来。虽然他走在前无古人的大路之上，看起来也很辛苦，可是由于对工作无比热爱，所以他总是充满激情，乐此不疲。

第1章
有责任心，才配得上高职位高薪水

我们要做那个在工作中充满激情的人，因为只有"自我价值"得到实现的时候，才会迸发出持久的强大的热情，才能最大限度地发挥自己的潜能，也只有这样才能创造出更辉煌的业绩，从而最大程度实现自我的人生价值。

在我们的生活中，我们看到那些能拿巨额薪水的成功人士，不但每天积极投入工作，而且工作得相当卖力，大概就是这个原因吧，在工作中他们的自我价值得到了实现。

萨默·莱德斯通说过这样一句话："实际上，钱从来不是我的动力。我的动力是对于我所从事的工作的热爱。我喜欢娱乐业，喜欢我的公司。我有一种愿望，要实现生活中最高的价值，尽可能地实现。"

实现"自我价值"的热情，让我们热衷于我们所做的事业，促使我们在职场中越来越优秀。一个奖章挂满全身的运动员，即使获得了冠军，超出对手很远，也不会停下来休息，因为他们是在享受自己创造出来的纪录，而并非单纯为了名和利。

我们常说，热情是梦想飞行的必备燃料。热情驱使着世界上每一位杰出的人，他们为追求"自我实现"，而在他们迷恋的领域里到达人类成就的巅峰，推动着社会和时代的进步。让我们也拥有这种热情吧！让它持久地在工作中为你积蓄力量，创造辉煌的业绩，实现自我吧。

如果身在职场中的你，没有达到自我实现的层次和境界，也不要麻醉自己——认为自己工作就是为了赚钱，也不要对自己说："既然老板给的少，我就少干一些，没必要费心地去完成每一个任务。"或者安慰自己："算了，我技不如人，能拿到这些薪水也知足了。"你应该牢记，金钱只不过是许多种报酬中的一种，你所追求的是自我提高，你必须充满热情地去工作，正如你必须充满热情地去生活。

缺乏热情会让你消沉，消极的思想会让你看不到自己的潜力，不珍惜工作机会会让你浪费很多宝贵的时间，失去自我会让你与成功失之交臂，永远无法实现自我的人生价值。因此，我们要充满激情地去工作，只有创造出更多辉煌的业绩，才能拥有成功，实现自己的人生价值。

▶ 有责任心的人，才是真正的精英

在工作中一直以最高规格要求自己，每一项工作都力求做到最好，对老板来说，这才是真正有价值的员工。

职场竞争惨烈，责任心会让你稳操胜券。一个拥有责任感的员工，开拓和创新是他们必不可少的精神，他们绝不会在还没有努力的情况下，就为自己找借口逃避。他会穷尽一切办法完成单位交给的任务。条件不具备时，他们会创造条件；人手不够时，他们就自己多做一些、多付出一些精力和时间。他们不管被指派向哪里，都不会无功而返，都会在不同的岗位上做好自己的本职工作，并且努力做到尽善尽美。

小吴在一家设计公司工作，文章写得非常棒，公司大大小小的文件报告都劳他动笔。但就有一点，他工作责任心不强，一有时间

第十章
有责任心，才配得上高职位高薪水

就干私活，每月赚取的稿费收入远高于其工资，公家事则是能拖就拖，能推就推，除非上司发话，否则懒得动手。时间一长，上司也找他谈过多次，但他没有什么改进，对工作从不上心，上司觉得他很难委以重任，而且会影响他人工作进度，于是让他离开公司了。

像小吴这样没有责任感的员工是永远不可能立足于职场的。一个没有责任感的员工是不会全身心地投入到工作中去，也不会在工作中有大的突破，只会把消极的情绪带给周围的员工，从而对企业的斗志造成影响。

一个员工，要想在公司里占有一席之地，就要深入地理解自己所从事工作的价值，认定自己工作的价值。为公司赚取更多的利润，才能在职场竞争中稳操胜券。也就是说，能为公司赚钱的人，才是公司最需要的人。

责任是一种很奇妙的东西，它能使你变得更加敏捷，更加能干。作为公司的一员，如果你每天都考虑如何为公司创造价值和利润，上司和同事就会更加关照你和信赖你，从而给你更多的机会，你就能从竞争中脱颖而出。

生活是公平的，在她的面前没有偏爱，你流了多少汗水，就会有多少收获；当你斤斤计较，不肯多做一点分外的事时，你肯定不会有意外的收获。

企业如何评价一个员工？其中一个很重要的方面就是看员工能给企业创造多少价值，说得直白一点，就是员工能为企业挣多少钱。员工工资跟员工的业绩是紧密相连的。每个企业都根据自己的企业状况制定了相应的工资标准，根据职权范围的大小、工作的复杂及难易程度等来确定工资的级别。作为员工，不论从事什么工作，无论在哪个岗位上，都要竭尽全力，用心去做，勇于承担起自己的责任，以求得尽善尽美的结果。

▶ 爱岗敬业，永不过时

"爱岗敬业"这四个字对我们来说，是一个多么熟悉的词语。在职场中我们用这个词来严格要求自己，老板也用这个词来严格要求我们。爱岗敬业是员工追求进步、敢于承担责任的最基本体现。

干一行爱一行，我们不能把工作仅仅当作是一种谋生的手段，而应该当作一种责任、一种精神、一种义务。爱岗敬业并不一定能拥有辉煌和成功，但可以培养我们对待工作的感情，以积极的心态做好我们的本职工作。无论我们做着怎样的工作，在怎样的环境下从事着，工作不论大小，我们都有责任将它做好，并把爱岗敬业变成自己的一种工作习惯。

爱岗敬业的精髓是责任为本。责任为本是通向高山之巅的阶石，缺少了这样的阶石，就会走弯路、摔跟头，甚至半途而废，所以只有强调工作就是我们的责任，我们才会更加重视我们的工作，才会花时间去认识我们的工作，找出自己的不足，提高认识，改变工作方式，一步步走向事业的成功之巅。

对于身在职场中的你来说，好好工作，时刻保持爱岗敬业这份责任感，你才能实现其他的梦想。

身在企业中，爱岗是你热爱公司的前提，也是为公司付出的前提，更是实现自我价值的前提。工作中的你只有通过公司这个平台才能更好地发挥自己；假如没有了这个平台，这个岗位，你也就失去了用武之地，即使你才华横溢，都不能得以施展。所以，要认同我们就职的岗位，热爱它，这是保证自己工作的根本，也是一个员工生存和发展的必然要求。

第十章
有责任心，才配得上高职位高薪水

冯才在一家国有企业工作十多年了，是公司的老员工。对待工作尽心尽力，严格按照各项要求做着自己的工作，虽然他文化水平不高，但是他敬业的工作风格得到了公司上下的高度认可。冯才每天上班主要负责公司厂区部分的环境卫生和厂区所有草坪的绿化与养护。每天大清早，他都提前上岗，当大家每天按正常上班时间来到公司时，都能看到他挥着大扫帚清扫厂区小路上的树叶。下班时间到了，员工们大都往回家的路上或车上赶的时候，冯才依旧拿着他的大扫帚，或推着那辆可以拉好多物品的三轮车，或拖着一条长长的黑色橡胶水管，忙碌在厂区某个还需要继续工作的角落。

不论你身在什么岗位，只要你用心去做，爱岗敬业，勇于承担起属于自己的责任，你早晚会发出耀眼的光芒；如果你对工作毫无责任心，更谈不上什么爱岗敬业，即使你光鲜亮丽，才华横溢，那你在职场也只能是无所作为。

如果你想在单位里成为一名核心员工，就要把自己的工作当成一项事业来做，培养自己坚守信念、忠于事业的品格，爱岗敬业，在工作中勇于表现自己，使自己从工作中脱颖而出。

在公司中，我们可以看到形形色色的人，每个人都有自己的工作态度。有的积极进取，有的悠闲自在，有的得过且过，有的牢骚满腹。也许你是一名小员工，没人会注意你、重用你，怎么脱离这种无人知、无人识的尴尬境地呢？如何让平凡的你脱颖而出呢？这就要靠敬业的态度，如果你还没有被伯乐相中，千万别灰心。请你相信，只要你一如既往地敬业，早晚会遇上伯乐。

某著名装饰公司有一名员工叫赵静。2009年，中专毕业的她来到这家公司。她没什么高等学历，相貌也平平，个头矮小，没有多少人注意到她，但她脚踏实地，兢兢业业，全心全意把网点搞好。为了给客户良好印象，她总是热情而友善地与客户交流，高效地服务；为了给顾客提供舒适的环境，每天都保证窗明几净，甚至自己花钱买鲜花放在柜台上；为了组织存款，她放弃了休息时间，走街串户地拜访客户……通过努力，赵静在公司成了一个品牌，不但公司上下都向她学习，就连许多客户也冲这个品牌而来。由于敬业，她最终脱颖而出，成了一名出色的大客户经理，走上了管理岗位。人们都说她是"靠自己真本事"而走到今天的人。赵静发现工作中需要改进的地方，制度中不合理的方面，都会主动思考解决的方法，并付诸实践。她越发有成就感，也就越发尊敬自己的职业了。

工作成绩是自己做出来的，生活是自己创造的，成功离你并不遥远，它就在你自己的脚下，关键是看你是否重视你的工作。

有了敬业的态度，你想成为什么样的人，就会成为什么样的人。科林·威尔森说："每当我早晨睁开眼睛的时候，我看到的不是一个世界，而是上百万个可能出现的世界。"想在瞬息万变、竞争激烈的职场中脱颖而出，不仅取决于你学历的高低、能力的强弱、经验的多寡、潜质的大小，还取决于你对待自己工作的态度。

敬业的人总是认真思考工作中还有什么不足和需要改进的地方，公司里还有什么工作是他力所能及的。敬业能使平庸的员工找到一个新的起点，

第十章
有责任心，才配得上高职位高薪水

在新的起点上，有敬业精神的员工将用更多心血、更大努力，争取更大的成绩、更多的收获。

热爱并忠诚于你的工作

没有谁能随随便便成功，任何成功的背后都有别人看不见的艰难努力和不懈奋斗。在通往升职加薪的路上，我们努力要做的第一件事情就是做好本职工作。在职场上，做好本职工作也是一条通往成功的捷径。

1997年8月，海尔为了发展整体卫浴设施的生产，33岁的魏小娥被派往日本，学习世界上最先进的生产技术。学习期间她发现，试模期废品率一般都在30%~60%，设备调试正常后，废品率为2%。为什么不把合格率提高到100%呢？可日本人认为不可能。然而作为海尔人，魏小娥的标准是100%。"要干就要争第一"，她拼命利用每一分每一秒研究如何提高合格率。三周后，魏小娥带着先进的技术知识和赶超日本人的信念，回到了海尔。一天，很晚下班的魏小娥吃饭的时候仍在想怎么解决"毛边"的问题。突然看到女儿用的卷笔刀的铅笔粉末都落在一个小盒里。由此得到启示，她顾不上吃饭，便在灯下画起了图纸。这样，一个专门接毛边的"废料盒"诞生了，也就避免了毛边落在现场或原料上，解决了板材的黑点问题。后来，因魏小娥在原料中无意间发现了一根头发，她马上就给操作工统一制作了衣、帽，并要求统一剪短发。这样又一个可能出现2%废品的原因被消灭在了萌芽中。终于，100%——这个被日本人认为"不可能"的合格率，魏小娥做到了。

培养对本职工作的忠诚度半年后，日本模具专家宫川先生来华，见到已是卫浴分厂厂长的魏小娥。面对一尘不染的生产现场、操作熟练的员工和100%合格的产品，他惊呆了："有几个问题曾使我绞尽脑汁地想办法解决，却最终没有成功。日本卫浴产品的现场脏乱不堪，你们是怎样做到现场清洁的？对我们来说，2%的废品率、5%的不良品率天经地义，你们又是怎样达到我们连想也不敢想的100%的合格率的呢？""这是我的本职工作啊。"魏小娥回答。

要想完成公司交付的任务，要想实现自己的人生价值，都必须以做好本职工作为基础，有了这个基础，我们才能全力以赴完成工作。如果一个人连自己的本职工作都做不好，职场成功便无从谈起。

格蕾丝·莫里·赫柏便是一例。赫柏的工作，曾令电脑编程工作为之改观。电脑程序代码以前只能用数字或者二进制码来编写，这使得写码和改错非常困难、枯燥。赫柏开始怀疑为什么代码必须是数字，并提出了一种完全不同的方案。虽然大家都觉得她疯了，认为肯定行不通，但她还是坚持着。最后，她参与发明了计算机编程

第十章
有责任心，才配得上高职位高薪水

语言 COBOL，终于能把那些无数行的数字变成英文单词了。这是个惊人的突破，让赫柏成为获得《计算机科学》年度奖的巾帼第一人。

赫柏所做的事情并没有谁来指派，也不是她岗位职责的一部分，但她做了，并取得了骄人的成绩。她的努力不仅给社会，也给自己带来了巨大的收获，她在工作中实现了自身的价值，使自己成了这一领域不可替代的员工。

我们总结赫柏的成功经验，是对待自己本职工作认真负责的态度和精神。在职场上，没有我们不敢想的事情，也没有我们完不成的事情，关键在于你是否热爱本职工作，你是否对本职工作富有责任心。

责任心是成功者必须具备的一项素质，我们取得成就的大小与承担责任的多少是成正比的，责任心越强的人，就越能得到他人的尊重与支持，任何时候，责任心都是我们在职场上取得骄人成绩的前提。

一个具有责任心的员工，会想尽一切办法，克服各种困难把自己的本职工作做好，在条件不具备时他也会创造条件。将责任心根植于内心，使之成为我们脑海中一种强烈的意识。在日常生活和工作中，这种责任意识会让我们表现得更加卓越。

美国著名管理学家玛丽·弗洛特说："责任创造卓越，责任是人类能力的伟大开发者。"而做好自己的本职工作，就是负责任的最佳表现之一。这种责任，是吹动船帆的风，没有责任，船就不能行驶。只有做好了本职工作，我们才会有所收获。

做好本职工作，同时别忘了带上责任，相信升职加薪就离你不远了。

◐ 责任与薪水成正比

要想让自己脱颖而出，成为公司的佼佼者，获得高薪，就必须努力工作，积极进取，认真负责。现在的职场中，薪水已经成为衡量一份工作的标准。你能获得薪水的高低，直接影响着你对工作的积极性。

据不完全统计，50%的职场中人跳槽的主要原因是出于对原有薪水的不满。面对越来越大的生存压力，高薪是孜孜不倦的追求。在竞争激烈的职场中，怎样才能获得高薪？高薪又会青睐哪些人？你该如何把自己锤炼成高薪人才？有人会说高能力，高学历，高效率，可能会获得高薪，但这些绝不是关键，有了这些资本条件后，更重要的是你对工作的热情，以及强烈的责任心。

在机遇与挑战并存的职场里，必须要努力工作，积极进取，对工作认真负责，这样才能实现升职加薪的愿望。不管我们从事什么样的职业，处在什么样的企业，都应该勤勤恳恳地工作。你付出得越多，得到的就越多。

孙小姐前年被一家合资企业高薪聘请为高级秘书，这令她的亲朋好友大为羡慕，也让她自己得意了好长时间。可是，得意忘形的她逐渐在工作中出现了问题。该企业的经济效益在近两年并没有很大提升，总经理也在考虑削减不必要的开支。孙小姐的薪水跟着下跌了不少，她更加不重视这份工作了，好多工作得过且过，责任感越来越淡，除了做秘书，她也没有别的什么特长，总经理

第十章
有责任心，才配得上高职位高薪水

觉得她工作能力也没有多大提高，更不能接受的是缺乏工作责任感，于是在合同期满时就把她辞退了。

像孙小姐这样只想着"薪"情，忽略努力工作的人，很难对工作有责任感。任何一个职场中人，一旦投入工作，就应该全力以赴。只为薪水而工作，对工作没有任何责任感，"薪"情只会更糟。

在农村长大的刘先生获得了计算机专业硕士学位。消息一经传开，立即成了当地农民茶余饭后的热门话题，刘家每个人更是乐开了花，刘先生也很为自己取得的成绩感到无比的骄傲。他顺利地在大城市找到了自己的位置，在一家IT企业做工程师，薪水颇为丰厚。但是，工作以后，他渐渐自满起来，工作的干劲少了，学习新知识、新技术的热情没了，每天只是很被动地完成工作，而这个时候，公司新招了一个与他同等学历的新人，工作经验比刘先生差了一点，但是论工作责任心和学习热情，他绝对是更胜一筹。刘先生也感到竞争的压力在逐步加大，但是一向没有什么责任感的他做事松散惯了，很难再迎头赶上了，上司越来越器重他的对手，最后他被迫辞职。

一个员工能力再强，如果不付出，就不能为企业创造价值，而一个愿意为企业全身心付出的员工，即使能力稍逊一筹，也能创造出最大价值。公司在成长，我们也会随着公司一起成长，与此同时，我们的职责范围也随之扩大。不要总是以"这不是我分内的工作"为由来逃避责任。当额外的工作分配到你头上时，不妨视之为一种机遇。如果你能比分内的工作多做一点，你就多承担了一份责任，你就获得了一次锻炼自己的机会。很多人获得了事业上成功的机会，就在于他们比别人多了那么一点责任感。

但凡有成就的人，都有一个共同的特点，那就是强烈的责任感。正是因为这种责任感，能够使他们的能力不断得到提升，发展平台也不断扩大。敢于承担责任的人，能力不断增强；逃避责任的人，能力日渐萎缩。承担责任，弱者可以变成强者，强者可以变得更强；逃避责任，强者会变成弱者，弱者会越变越弱，直至被淘汰。

既然这样，你还会因为老板经常安排一些超出你能力水平的任务而抱怨吗？你应该把老板交给你的重任，看作是对你的信任，看作是提升你能力的大好机会。因为在承担责任中，你能不断地意识到自己的不足，并用心去改进，这样能力自然会得到加强。

能力是无价的，它不会丢失，也不会被偷走，拥有了就永远是你的了。如果你将工作视为一种积极的学习经验的方式，那么，工作中就会包含着许多个人成长的机会。只有付出世界上最多的辛苦，才能获得世界上最大的幸运。要想获得最大的成就，必须努力奋斗，承担更大的责任。

CHAPTER 11
第十一章

投资自己，为高职高薪增加垫脚石

GET PROMOTION
PAY RISE BE GENERAL
MANAGER

◐ 形象决定着你的未来

相信很多上班族都有这样的困惑：我有骄人的学历和经验，我有不俗的业绩。为什么老板就不看重我，不给我加薪呢？

在职场中，超强的工作能力和漂亮的工作业绩是广大职场人士寻求加薪的主要凭证。但是，在现实情况下，能不能加薪，不仅仅要看你的工作能力和工作业绩，个人魅力也是老板决定你能否加薪的关键依据。

你很出色，可是你的出色并没有成为老板眼里的风景，很多时候并不是因为你的工作能力没有打动老板，而是你的个人魅力没有被老板发现。当每个人的履历都是那么光彩夺目时，老板如何才能发现你的与众不同呢？看到了自然就会发现。这种只能意会不可言传的感觉,即气质和外在的东西，我们不妨称之为个人魅力。

张林、刘方、田雨三人是同一部门的业务骨干，三个人都是部门销售精英，月月飘红，且呈你追我赶之势的漂亮业绩，让他们深

第十一章
投资自己，为高职高薪增加垫脚石

受上级主管的喜爱。但是，在平常工作中或工作之余，张林和刘方常常倚仗自己的业绩，自诩为功臣，整日耀武扬威、目中无人。而同样业绩不凡的田雨，为人谦和勤快，从不居功自傲，每当受到表扬时，都会谦虚真诚地说成绩是大家共同努力的结果。因此，上级和同事都一致认为田雨不仅工作能力强，人品也不一般。后来，部门主管退休时，就毫不犹豫地向公司推荐田雨做了自己的继任者。

田雨在与其他竞争者工作能力相当的情况下，凭借自己谦虚的个人魅力获得了上级和同事的认可，并最终赢得了升职和加薪。在今天竞争激烈的人才市场上，个人魅力的确非常重要。如果你拥有与众不同的个人魅力，那么你在职业发展上就会脱颖而出。

我们不可否认，能力、人品和信誉在我们升职加薪的路上扮演着重要角色。但在职场竞争异常激烈的今天，如果拥有与众不同的个人魅力，你将比别人更容易开启加薪之门，更容易走上事业成功之路。

虽然个人魅力并不是与生俱来的，但也不是什么遥不可及的东西。我们可以通过后天培养来提高自己的个人魅力。

中国有句古话：腹有诗书气自华。足以揭示知识与个人魅力之间的关系。外表反映内在，要想拥有气质超凡的个人魅力，就必须通过饱读诗书来不断加强自己的内心修养，使自身实现由内到外的历练和提高。

生活充实而富于情调，节奏明快而不失浪漫色彩，会给人以极佳的感觉。这需要我们在工作之余，培养广泛的兴趣和爱好，对生活充满激情。

丘吉尔说：你能面对多少人讲话，就有多大的成就。古往今来的领袖人物，如罗斯福、毛泽东、周恩来、克林顿，到现在的美国总统奥巴马，以及商界风云人物比尔·盖茨、马云、俞敏洪等，无一例外，都是演说家。

我们要学会用演说来表现自己，辅助自己获得成功。否则，产品再好，别人都可能不采用，至少不可能重用。世界上只有人这种产品会说话。当众演说的能力不行，无疑会使你失去进入最好市场的机会。

12年前，毕业于同一所美国常春藤名校物理系的博士生魏力和本科生汤姆，一起进入了一家顶尖美国银行。

魏力眼睛深度近视，有严重的鼻炎，性格内向，虽然他的英文相当好，但当众演说能力很差。公司雇佣他，是因为他数学很好，可以帮银行建立信用风险模型。汤姆是美国土生土长的华人，因为受家庭传统的华人文化影响，他身上很好地融合了美国人的自信和中国人的谦逊。他数学远不及魏力，却很自信，当众演说能力很棒，中文也不错，发音很标准。

在建模型的初级阶段，常常要加班。魏力病倒了，模型建成后关键的第一次工作汇报，他没法参加，只好由汤姆顶替。模型出成果后又一次工作汇报，魏力本来可弥补上次的缺席，可他在几个大老板和整个部门员工面前很紧张，陈述得结结巴巴，令人失望，最后不得不由汤姆帮他解了围。

如今，汤姆已是这家银行的亚洲信用风险首席官，而魏力则于去年被裁员。虽然他的硬能力远高于汤姆，但是软能力的缺失导致他成了金融危机的牺牲品。

第十一章
投资自己，为高职高薪增加垫脚石

对美国社会各阶层人士的长期跟踪调查发现：善于表达的人士在社会的地位远高于不会表达的人，善于表达的人成功机会是不善于表达的人的10倍。

在人际交往当中，开朗活泼的人更容易受到广泛的好评。不要过于封闭自己，学会与周围的人沟通，融入集体。走向他人，让他人认识自己，了解自己。与此同时，我们在这个过程中，要注重把自己的美好形象展现在大家面前。人们都喜欢幽默的人，一个幽默的人，不但对自身快乐积极地生活大有益处，还会带给周围的人轻松和愉快，所以我们要努力做一个有幽默感的人。但是有一点是非常值得注意的，就是幽默不等于搞笑，它体现着一种智慧，一些独到的人生体验，可以通过丰富自己的知识、对生活多思考来培养。

你的形象会在无形之中影响到你的职业生涯，所以我们在投资自己的时候，一定要把自己的形象放在十分重要的位置。完美形象的打造不是一朝一夕的事情，我们要从生活和工作中的点滴做起，一如既往地坚持下去。

● 充电目的要明确

充电的目的是使自己的价值得到提升。不管你的职位是什么，也不管你的学历怎样，充电都是你在一定的时间内必须要做的事情。通过充电，我们能学到自己真正想要学的东西，使"自我增值"达到最大化，如果你充电的目的仅仅是为了一张文凭，是不可取的，也是非常不理性的。

如果你需要进入好企业的敲门砖，可以选择去获取文凭，进行让你改头换面的系统学习。选择这样的教育，首先要弄清是谁在办学，他们是否能保证你学到真东西，他们的证书或文凭在相应的领域中有怎样的位置。

如果你已经有一个满意的工作或职位，但是在你的工作领域，竞争非常激烈，危机感很强，为了提升自己，你可以选择短期培训，尽快学到国际化的先进理念和技术，适应变化和竞争。

在准备充电的时候，你应该时刻关注自己所处的行业对人员技能和需求的改变，这将决定学习方向。认真分析一下这个领域对所需人才的标准和要求，诸如学历、工作经验、专业背景等等，与之相比，自己有哪些长处和劣势。要想得到发展，就要随时按市场的要求，调整自己的目标和充电方向，才能在济济人才中脱颖而出。

> 翠西是一个著名服装品牌的销售经理，主管北方区的业务已经有3年时间。这个在别人看来令人羡慕的职位，却让她在一夜之间就做出辞职的决定。"我感觉我的职业生涯面临着前所未有的停滞状态，总是在做着以前做过的事情，重复多于创新，而且以我目前的职位，很难再在公司有更大的作为了。"

研究生毕业的翠西放弃了优厚的待遇、良好的事业基础，这一举动令周围许多人不解。而她却说，在职场上工作了几年，自己一直只顾着往前冲，

第十一章
投资自己，为高职高薪增加垫脚石

现在到了停下来调整自我的时候了。

人在职业的某个阶段都会出现所谓的"停滞"期，这种情况一旦出现，就说明你需要充电了。这个时候重要的是摆正自己的心态，树立"没有职业的稳定，只有技能的稳定"的新观念，把职业过程变成一个无止境地学习和提高的过程。

在 IT 行业工作了近 5 年的小莫坦言："找到工作就一劳永逸的体制已成为历史，我一直都处在一种与最新科技知识赛跑的状态。信息时代的知识呈膨胀性扩展趋势，刚刚掌握的资讯，也许过两天就已经过时了，如果不及时更新知识，很容易被淘汰。"这种经常出现在工作中的"不明飞行物"让小莫紧张，有时候不想让同事、上司看出自己的尴尬和茫然，他必须花很大的精力遮掩，但效果却很不理想。

刚开始的时候，他还以为这不过是他在大惊小怪，可后来情况越来越严重，他逐渐有了很大的心理负担，甚至还跑去看过心理医生。最终一位学长的话让他茅塞顿开，他说："未来职场上只有两种人：一种是忙得要死的人，因为工作和学习；另一种是找不到工作的人。我可不想成为后一种人。"

小莫自己掏腰包参加了几期美国专家举办的行业培训，虽然花费很高，可学习下来，感觉心里踏实了，而那些以前经常光临的"不明飞行物"也消失了。

"在职充电"是防止"人才贬值"的一种好方法，要让自己"不贬值"，那就需要不断地"充电"。学习是永无止境的，要树立终身学习的理念。正如人们常说的：你永远不能休息，否则，你就会永远休息。

安菲是一家贸易公司的财务总监，主管着公司上下的所有会计核算工作，也算得上是一个握着全公司钱袋子的风云人物。从大学毕业到现在，8年的时间过去了，虽然没有那一纸"注册会计师"的证书，可工作起来，也是要风得风，要雨得雨。

"因为我感觉完全能够胜任工作，领导也比较器重我。说实话，找到一份工作不容易，能'站住脚'更难。我没必要为了去考一个证书，而耽误我每天的工作，那样的话我的老板也会对我有看法的。我的很多同学上班后不断考各种证书，参加各种学习班，希望能往更大的公司'跳'，甚至请了假去学习，结果影响了工作业绩，得到的是与能力不相匹配的待遇。"

也许安菲的话从目前的角度看的确是正确的，可如果把它放在一个大的知识经济时代的背景中分析，就站不住脚了。"单一型人才"如何使自己成为"复合型人才"？实施技能储备，使价值"保鲜"是关键。"技多不压身"，"充电"和"敬业"不该有任何冲突，"充电"是为了更好地"敬业"。

第十一章
投资自己，为高职高薪增加垫脚石

● 找准充电的最佳时机，才能事半功倍

在竞争如此激烈的今天，身在职场中的我们，充电已经成了一件不得不做的事情。充电无疑是让自己知识更新，保持职场竞争力的有效途径。

知识的更新速度是飞快的，职业生涯本身就是一个不断深造、不断积累、不断提升的过程。如果不学习，不接受新事物，不用新近出现的知识、技术武装自己，当新技术普遍运用时，你就有可能被淘汰掉。职场中人，要想在日新月异的行业中求得发展，就必须主动及时更新自己的知识结构，掌握最新的技能、技术，为自己职业的发展补充新鲜血液。

在不断变化的职场上，危机感让很多身为高级主管的高端人才也做出了充电的选择。理性的职场人，都会为自己的职业发展做切实可行的规划，而充电计划是职业规划中不可或缺的重要组成部分。在职场选择中站在十字路口徘徊的人，更应该通过及时充电，找到适合自己的职业、岗位，尽快走出职场的困惑期。

我们不能盲目地去充电，合理的充电要在花费不菲的财力、精力和时间之后，真正为我们的职业生涯带来很大帮助，所以充电需要事先周密规划。第一步就是要找准时机。这之后，就要将我们的充电计划一步一步地实施下去。

即使"充电"的方向是对的，可是如果在一个错误的时间点上来进行，结果也会是事倍功半。这也是人们常犯的错误之一。

朱维大学毕业工作一年多，职位是公司的行政助理。一段时

间以来，朱维发觉自己很喜欢做管理工作，但就目前的情况看，职业要有所提升，似乎还欠火候，另外自己管理方面的知识也很欠缺。于是朱维想到了"充电"，她想去读MBA。因为这似乎是成功人士的必修课。待她出了一笔不菲的学费，"牺牲"了双休日坐在MBA课堂里学习了一段时间之后，朱维还是感觉很差。

一方面，身边的同事看起来平均年龄都比自己要大十来岁，无论是职位、阅历都远胜于她，不少人都是开着小车来上课的；另一方面，虽说自己在工作上得心应手，可真的坐到课堂里听老师讲企业战略、并购重组，朱维又觉得离自己的生活很遥远，上课常常提不起兴致。朱维有点迷茫了……

事实上，朱维想朝管理方面发展，"进补"企业管理知识的大方向是对的，关键是选择的"充电"时间不太恰当。

对于朱维来说，当前的首要任务应该是积累工作经验，等过了几年，职位也有了提升，且职业发展方向更加明确时，再读个MBA学位，这样对自己的发展更有好处。现在读，虽然也能学到一点东西，对发展有所帮助，但MBA证书的优势发挥空间不大。

从另一方面来说，合适的"充电"，选在不合适的时机，也是一个误区，不仅增加了投资成本，还浪费了时间。这里的时间节点，主要指的是一个人职业发展的特定时间阶段。

在不同的阶段，根据自己职业发展的状况、专业水平、工作能力以及今后一段时间职业发展的目标来选择恰当的培训，这才是上策。

第十一章
投资自己，为高职高薪增加垫脚石

● 如何平衡好工作与充电之间的关系

如果说职业发展仅仅是个人能力、薪水、职位等工作上的发展进步，而生涯设计则更加广泛，它把人生价值观、理想、爱好、职业、教育、婚姻、家庭、人际、修养等人生的各方面都包含在了其中。生涯发展包含职业发展，属于更高层次的范畴。

要想设计出完美的生涯，把握住其中各项因素的平衡，工作与生活这两大阵营的平衡，是我们在生涯规划中必须要考虑的问题。资深职业规划师认为，生涯发展的各方面既和谐又矛盾，比如职业和家庭，理想和职业，既可互相促进，也可彼此阻碍。把握好生活与工作平衡的同时，还要把握好生活内部和工作各自内部的平衡。工作中有一个非常重要的平衡就是工作与充电的平衡。

一个朋友毕业后过五关斩六将，终于进入了自己一直梦寐以求的企业工作。可是上班一段时间后发现，自己在学校学习的一些专业知识不但少得可怜而且陈旧，当务之急就是要尽快学习一些比较新的专业知识。

单位经常有一些培训，朋友都积极参加，可是参加培训的时间多了，放在工作上的时间就少了，为此业绩也受到影响，不去学习一些东西，在工作时又感到力不从心，很多状况无法应付。

为此朋友很困惑，工作和生活都有点混乱，不知道从哪里下手。

迷茫中的朋友，意识到自己的工作出了问题，工作和充电没有达到平衡，甚至影响了生活。于是她决心为自己的职业生涯做一个规划。参考了一些职业生涯规划的知识又听了一些相关讲座之后，她找到了自己的问题。

职业生涯发展中的每个方面都有其适当的时间表，哪个时段应侧重职业，哪个时段应侧重积累，哪个时段应多多关心婚姻和家庭等等。所以充电在不同的职业时期也是有侧重点的，我们可能有很多东西要去了解，要去掌握，但这是一个漫长的过程。我们要做的就是在一定时期内把该学的东西学到手，然后灵活地运用到工作中。

有人会说，怎么判断什么才是我们该学的东西？

该学的东西就是在你当前的工作中你明显感觉到自己有欠缺的地方。感到力不从心就去学习充电，学到手后就立刻应用到工作当中去。学以致用，既学到了知识，又为学到的知识找到了施展的空间，一举两得。

单位为员工安排的一些培训，为我们提供了充电的机会，充电就需要阅读大量相关专业的书籍。我们应该用业余的时间来充电，上班的时间要把精力完全放在工作上。

学习是一生都要进行的功课，充电也不是一朝一夕就能完成的事情，两者都是漫长的积累过程，急不得。充电的重点不是你一次学到了多少东西，而是你能坚持多长时间。

在我们的职业生涯中，充电是必要的，但不能盲目，需要对自己的现状有一个良好的定位，并制订一个长期的职业规划。还要避免因为充电而影响到本职工作，处理好工作与充电的关系。换句话说，充电是为了充实自身，为未来的职业发展铺路，但毕竟我们还要工作，还要完成公司为我们安排的工作任务，所以要平衡好工作与充电的关系。

不要胡乱充电，更不要随波逐流地充电

"多一个证书没坏处"，很多人都有这样的想法，所以市场上流行什么，什么证书最吃香，他就学什么，拿了一大堆的证书，似乎什么都能干，竞争力增强了。其实不然，这里有一个真实的例子。

张勤中专学的是理工科，给排水专业，在相关岗位上工作了几年后，觉得学历太低，不利于发展，便想到了"充电"。当时上海服装设计专业很新鲜时髦，张勤虽说并没有这方面的天赋，身上也没多少时尚细胞，可她还是去某大学"深造"了3年的服装设计专业，拿了大专文凭。

读完后一时没找到服装设计专业的工作，张勤就出国打工去了，在国外学了一点外语。多年后回国，因为要从头开始，张勤需要新的就业资本，她又报名参加了某校的MBA课程班和研究生班学习。学成后，证书有了，学历也有了，张勤反倒更迷茫了，我到底该找什么工作呢？我能做什么呢？

由此可见，这样的"充电"，对个人来说不仅是金钱和时间上的损失，更关键的是很容易把自己的职业观念引入歧路。考了一大堆证书，就觉得自己已经是个"通才"了，什么都能干，但自己到底最擅长什么，干哪一行最合适呢？自己也会很迷茫。去求职的时候，用人单位看到你的一大堆证书，也会很迷茫，他们不知道你的专长是什么，不知道该把你安排在一个什么样的位置上。因此用人单位可能会认为你缺乏明确的职业发展目标，没有选择能力，会将你拒之门外。

"充电"这个词很形象，激烈的人才市场竞争时刻提醒着每个人，必须要不断地自我增值，一旦举步不前，就如同损耗的电池般失去了应用价值。然而在现实生活中，乱充电、充错电的现象并不少见，轻者浪费了自己的金钱成本和精力成本，重者则让自己的职业生涯陷入窘境。

1998年，理科生文英大学毕业，进入了一家世界500强公司，担任技术支持的工作。几年的工作下来，文英的职业发展也算一帆风顺。可是她接下来的选择却出乎人们的意料，2001年她选择了离职，到加拿大进修MBA金融学课程。

为了申请到offer（录取通知书），文英付出了很大的代价。她放弃了自己不错的工作，起早贪黑地攻读GMAT课程，还搭上了自己和家人多年的储蓄。海外求学的艰辛就不用多说了，为了支付昂贵的学费和生活费用，文英每天除了啃书本，就是忙着到处打工。然而让文英失望的是，虽拿到了学位，却无法在当地找到一份合适的工作。

于是2005年文英选择了回国，回到上海来找自己的理想职业。

第十一章
投资自己，为高职高薪增加垫脚石

可是让她跌破眼镜的是，应聘了几家外资银行，文英在初次面试就被刷了下来。"有一家银行的人力经理向我道破了实情，尽管我的语言和学历都过硬，但是我的致命缺点是没有任何金融行业的工作背景，而银行更需要的是具有丰富实践经验的人才。"

眼看着进入金融业无望，那么重新回到自己的老本行，做技术支持呢？放弃上一份工作至今已经有4年了。4年对于一个从事技术行当的人来说，几乎意味着一切都要从头开始。尤其是看到自己简历中进修金融MBA的经历，应聘官都对文英的职业忠诚度产生了怀疑。

投入了大量的时间、精力、金钱，文英的职业发展却遭遇到了重重阻碍，一次失败的培训投资给文英造成的损失难以估量。

像文英这样"盲目"培训的现象到处都存在，是很普遍的。

所以我们要知道自己为什么要充电，我们应该在哪些方面充电。我们要为自己私人订制一份"充电计划"，不要随波逐流，要有自己的目标和方向。

▶ 打造专业知识品牌，赢得老板青睐

不论你从事哪个行业，只要能成为一个领域的行家，自然就在所从事的领域中占据了优势，自然也就能赢得更多的重视。当你成为某个领域或

者是某一方面的专业人才时，就会拥有更多的薪水、前途和发展的机会。

不难发现，现在社会上非常缺乏熟练的、精细的、专业能力强的技术工人。一个工厂的技术工人，表面看起来可能没有公司白领那么显眼，但是，他们却成了社会奇缺的人才，成了工厂重视的对象。一个技术非常熟练精细的技术工人所获得的待遇和白领相差无几，甚至比白领还要高，因为他们是这个领域内的专家。所以，不要轻视自己的工作，再普通的工作，只要在这个领域懂的知识比别人多，干得比别人好，就能占据很大的优势。

有一家化工企业耗费巨资从国外购买了一台高智能机器，可是懂得操作这台机器的人却寥寥无几。几经周折，猎头公司为这家企业找到一位能操作这台机器的工人，最终敲定年薪30万，这家公司甚至表示愿意跟他签订终身合同。

一个人要想在职场中有自己的位置，就一定要具备在这个位置的人应有的能力，还要有自己擅长的领域，这是确保你获得职业安全感的一种方式。要想获得一份属于自己的特定事业，有自己的特长是非常重要的。

社会更需要在某一方面技术成熟的专业人才。这个问题其实很多招聘单位都有感受，公司确实有空缺的工作岗位，却很难找到符合条件的人选，所以现在社会上出现了一种公司需要招人却招不到人，应聘者需要找工作却找不到工作的现象。其实用人单位的要求并不高，只需要熟练掌握其中的某一项技能就行，但是多数的应聘者都不符合要求。

第十一章
投资自己，为高职高薪增加垫脚石

因此，对于职场中人来说，想要让自己获得高薪，在某一方面有自己特定的能力就是脱颖而出的关键。

孔祥瑞被誉为"蓝领专家"，他是一名普通的码头工人，却拥有两项国家专利和一百多项技术创新。就是这样一位仅有初中学历的普通工人，34年来为企业创造效益8400多万元。他在为企业创造经济效益的同时，也使他所在部门的机械设备使用效率达到了同行业全国领先、世界一流的水平。孔祥瑞被评为2006年感动中国的候选人。

出生于天津的孔祥瑞参加工作后，一直兢兢业业，用自己的努力创造了一个又一个的辉煌。在天津港码头高大的设备面前，身材很高大的孔祥瑞仍然显得非常矮小，但就是这个普通的码头工人，却让这些高大的设备服服帖帖、正常运转。

码头上所有的货物都通过一些现代化的传输设备来运送，系统中的一条皮带是设备的整个供电中枢，里面有六千伏的高压电缆，设备所需的动力全靠它提供。可是，冬天下雪时，因为冻冰的关系，很多地方就会出现问题，电缆也会出问题。于是孔祥瑞研究出一项新技术，利用两个压轮的设计，很好地解决了这个问题，从而避免了很多起重大事故。他的这项新技术也因此获得了国家专利。

我们不得不佩服这个普通的码头工人，他只有初中学历，却培训出了很多大学生骨干。

孔祥瑞立足本职工作，即使在艰苦的工作条件下也仍然苦练扎实的技术。就这样，他的专业技能一年胜过一年，他所在的团队在他的带领下，创造了一个又一个辉煌。1994年以来，他九次被评为天津市"八五""九五""十五"立功先进个人；先后荣获1998年度天津市劳动模范、2000年度天津市特等劳动模范、2001年全国"五一劳动奖章"、2005年度全国劳动模范、2006年度全国优秀共产党员等称号。

这样的人才，不管到哪儿，都会有企业抢着要。

学历不重要，重要的是你工作的态度和能力，以及你对企业的贡献。所以不管你的职业是什么，只要你成为某一个领域的专家，就一定能占据一个不可撼动的位置，使之成为自己事业的一个起点。

让自己成为某个领域的专家，在工作中懂得扬长避短，让自己的优势得以发挥，那么，一定会赢得自己满意的高薪和职位。因为这样的人，无论在什么时候，无论在什么地方，都是企业不可多得的人才。

CHAPTER 12
第十二章

即使月薪千元，也要有月薪万元的气场

GET PROMOTION
PAY RISE BE GENERAL
MANAGER

▶ 你的气场决定了你的职场

我们常常对自己说,要在气势上压倒对方。这里所谓的气势就是气场。

有句话说:"开发商有底气,富人们很洋气,穷人们常泄气。"不管你是不是穷人,你可以不洋气,但你不能没底气。

底气是气场的支撑,气场是你职场的支撑。因此,气场对我们的职场来说非常重要。气场决定着你给别人的第一印象,影响着别人对你的评价。在一个有气场的人面前,我们总能被他特有的魅力折服。

气场不是天生就有的,需要我们后天不断的努力。

生活中,博览群书,充实自己的知识面,多了解新闻大事,扩展自己的见解。这样,当我们在与人交谈时,你才能应对自如、谈笑风生。让人感觉到你从身体内部散发出来的魅力,形成你自己独具特色的气场。

工作中认真踏实,熟悉工作方法,讲究工作技能,力求把工作做到精益求精。这样,在面对上司和客户时才能底气十足;在遇到事情或者需要

第十二章
即使月薪千元，也要有月薪万元的气场

做决定时，态度才能坚定，给人一种干净利落的感觉，让别人对你心生喜欢。

要想在职场中生存，抬头要有底气，低头要有勇气。底气足，你才会昂扬向上，在你所从事的行业中独领风骚；底气足，你在做事情时才不会犹豫不决，处处体现出你不同凡响的能力；底气足，你在处事时才能坚持自己的立场，不被外界所迷惑；底气足，你就已经拥有了自己的气场。

秦淮是一家建筑公司的客户经理，有一次，公司派他去与竞争对手夺标，并告知，这次任务非常艰巨。

谈判是三方在一起进行的：客户方、竞争对手和秦淮的公司。当见到竞争对手时，秦淮曾一度失去了谈判下去的勇气，因为对手一眼就能看出是个强势人物，相貌普通、身材矮小的自己在对手面前貌似渺如尘埃。但是秦淮马上让自己冷静下来，力争用实力打赢对手。

在谈判过程中，对方的话语咄咄逼人，不断往上提价。秦淮据理力争，一点一点跟着对手的脚步往上加价。当谈判持续了一天，秦淮仍紧追不放时，对手在强大的压力下，终于忍不住爆发了。对手不顾众人在场，突然站起来，对着秦淮就是一顿臭骂，而且说出了许多贬低秦淮外貌的恶语。

面对对手的辱骂，秦淮并没有还口，只是冷静地坐在那里认真聆听。等到对手骂完，秦淮笑着站起来道歉："让您生这么大的气，我很抱歉，同时非常感谢您的批评。不过，我是不会轻易放弃这次竞标的。"

秦淮的话进一步激起了对手的怨愤，在提价无望的情况下，对手狠狠地把文件往秦淮面前一扔，然后不顾别人的眼光，"啪"

的一下摔上门，并且还恶狠狠地警告秦淮："你等着，会有人收拾你的。"离开了竞标现场。

最终，秦淮当仁不让地夺得此标。签完合同，当客户方询问秦淮面对强势的对手为什么那么冷静时，秦淮说："我没有必要像他那样，那样做正是没有底气的表现。虽然我的相貌并不出众，但我在面对每一个对手时都能保持微笑，保持着我应有的风度，因为我的心中充满了底气。"听了秦淮的话，客户方对秦淮的印象更好了。之后的几次项目，客户方都主动找到了秦淮，表示愿意和他合作。

秦淮的底气为他赢得了业绩和客户的赏识，同时也助他形成了自己独具特色的气场，使他不仅获得了上司的认可，还获得了客户部门主管的位置。

如果你拥有了自己的气场，在职场中你就是一个发光的个体，走到哪里人们都会看见你，都会喜欢和你接近。这样，职场上的人际关系之路你就会走得比别人更顺利一些。

人们都喜欢有气场的人。在单位里，要用你的气场把你身体里的能量传递给大家，让别人臣服在你的气场之下，感觉到你的存在，同时欢喜着你的存在。

要想表现出领导一样强大的气势，不一定非要去花费时间装扮自己，但你必须有"底"，如此才能让你更具领导风范，成为上司眼中升职加薪的候选人。

气场是一个人的信心和力量表现出来的能量场，反映出了一个人的派头。你可能没有出众的相貌，没有高贵的装扮，但你只要注重自己内在品质的修养，不管你表现得多么谦虚，你的气场都能一览无余，它为你的升职之路加分添彩。

第十二章
即使月薪千元，也要有月薪万元的气场

▶ 只要你足够自信，就会得到你想要的

每个人都有一个十全十美的远大目标，因此在生活中我们不自觉地就扮演了一个完美主义者，一旦做不到或者稍有偏差，就会深深自责，情绪消沉，进而对自己的能力全面怀疑和否定，开始不自信起来。

其实，无论是工作还是生活，只要我们努力就可以了，不必苛求结果。要学会为自己的每一点努力成果而喝彩，让自己时刻有成就感，知足且自信的人才会快乐。

成功学专家卡耐基说，能接受最坏的情况就能在心理上让你发挥新的能力。人生低潮时，你可以换个思维方式：都已经到低潮了，还能坏到哪儿去呢？最低处就是即将向高处回转之时，这样的心境能够鼓舞自己。

海伦·凯勒说过："坚定的信心，能使平凡的人们，做出惊人的事业。"可见自信对一个人的成功有着多么重要的影响。

信心可以产生巨大的力量，可以产生神奇的效果。要想获得老板的提拔，坐上领导的宝座，就得让老板看到你的自信。因为有了自信，你才能发挥出能力，独当一面。

马菲是公司的一名普通业务员，已经工作了两年，工作业绩没有什么起色，职位自然也是原地踏步。

最近，因为公司要扩大规模，提高业务员的技能，马菲阴差阳错地接下了一个很多业务员经过努力都没有拿下的单子。虽然

马菲在了解单子的情况后心里也没底，但是她依然充满自信地告诉上司没问题。

在接到任务的第二天，马菲就去见了客户，客户真的如同同事描述的那样，开出的条件大大超出了公司的底线。

见完客户回到公司，马菲向上司汇报了谈判的结果。因为刚经过第一次谈判，并不能确定是否能成功，但是为了给上司留个好印象，马菲告诉上司客户已经被自己说动了，同意重新谈条件。

马菲在上司面前说得头头是道，但是走出上司的办公室，她就变得愁容满面。因为只有马菲自己心里清楚，这次与客户的谈判，还与之前的情况一样，客户咬紧价格不松口。而且临出门的时候，马菲还看到自己公司的竞争对手走进了那家客户的公司。

回到办公桌前，马菲就赶忙着手研究客户，比对自己公司与竞争对手公司的情况。一连几个晚上，马菲都因为这个单子而睡不着觉。

而且，自从知道有竞争对手介入这个单子以来，上司就不断地询问马菲单子的进展情况，于是她的处境变得更加艰难。有几次，她都想告诉上司实情了，但是想到不能影响自己在上司心中树立起来的形象，马菲反而给上司注入一剂定心针：如果签不下单子就辞职走人。

转眼已经过了大半个月，只有客户还没有与竞争对手签单的消息还能给马菲一些激励。一天，马菲突然从同事那里听说这个客户有养名犬的爱好，并且最近一直想买一条血统纯正的德国牧羊犬，而马菲的哥哥就是开养狗场的。想到这里，她赶紧打电话给哥哥。哥哥一听马菲的事情，笑了笑说，这个客户他认识，那

第十二章 即使月薪千元，也要有月薪万元的气场

位客户想要从他那里买条狗，但是价格一直没有谈妥。这个消息让马菲欣喜不已。

当天下午，马菲就找到了那位客户，并在聊天的过程中提到了德国牧羊犬。然后，马菲就水到渠成地说出了哥哥的名字，并表示她已经说服了哥哥，同意以客户所说的价格卖掉那条名犬。客户听到这个消息，一改之前的态度，对马菲变得热情起来，并当即签下了单子。

虽然马菲签下这笔单子有些运气的成分，但是在上司眼中，她是用实力与智慧赢得这场谈判的。她留给了上司自信和强势的印象，最后被升为主管。

自信就是要相信自己，而且要始终相信自己，不分时间、地点和场合。如果你认为自己会被打倒，那么你就会被打倒；如果你认为自己不会倒下，那么你就能屹立不倒；如果你认为自己能够获得胜利，那么你就能成功；如果你认为自己会失败，那么你就会经常遭遇失败。

很多员工在职场中追求稳定，不敢去挑战也不敢去冒险，其实这是缺乏自信的表现。老板之所以雇你，不是为了和你共同富裕，也不是为了让你发大财，如果你做事没有自信，不能为公司创造价值，那你对公司来说没有任何价值，升职加薪更是无望。不管你肚里有没有谱，心里有没有底，要想让上司眼前一亮，在众多员工中脱颖而出，你就得让上司看到你的自信。

心中没底，没有自信，你注定是失败的；心中有底，没有自信，成功的希望同样是有限的；心中没底，只要充满自信，你同样可以脱颖而出。

自信，能让一个人临危不惧，能让一个人拥有强大的气场。即使心里没底，在自信光芒的烘托下，你同样能成为上司眼中的优秀者。

▶ 该"装"还得"装"，时间久了它也会成为你的气场

俗话说"猪鼻子插大葱——装相"，但这个葱的插法也是有学问的。

想在职场中升职，同样离不开装相。很多人没你学识高，也没你有能力，却比你更早地坐上了领导位置，为此你也不平衡过，也尝试着从自己身上寻找过原因，可是至今未果。他的职业生涯还是比你顺畅，其实道理很简单，因为他们会装相。

不想让自己落在人后，你就要学会装相，而且还装得非常像。否则，稍微露出一点马脚，你就会全盘皆输，连补救的机会都没有。

装相并不是谎言和欺骗，装相也不是一件可耻的事情，社会需要这样的能力，职场同样需要这样的能力。

胡杰已经在目前的单位工作五年了，无论单位里的人事如何变动，他始终在原地不动，没有升过职、加过薪。

认识胡杰的人都知道，他工作非常努力，而且善于创新，唯一不足的是以衣着随意、邋遢闻名，不是衣服皱得没形、头发凌乱，

第十二章
即使月薪千元，也要有月薪万元的气场

就是穿着拖鞋。

两年前，上司看到胡杰的表现，本来准备提升胡杰做客户组长，但是，当上司带着胡杰去见客户时，看到客户的怪异表情，上司就放弃了这个想法。

最近，胡杰经常会在朋友面前抱怨怀才不遇，朋友提醒胡杰："不如你改头换面，碰一下运气。"听到这话。第二天，胡杰就迫不及待地做出了改变：他开始穿西装，头发梳得标致有型，而且整个人说话也变得非常自信。

看到胡杰做出了这么大的改变，上司和同事们都惊讶不已。在外形和内在的双重自信下，胡杰的表现越来越出色，不到半年时间，上司就提升胡杰为小组负责人了。

老板在考虑升谁的职时，除了要考虑业务水平之外，还要估量谁"看起来"更像一个领导，以及"做起来"更像一个领导。所以要想成为领导，就得有个领导的样子。

做职员时用到的工作策略，到了领导的位置上就不一定再适用。你要想成为领导，坐上更高的职位，不在于你的能力有多大，而在于你能代表谁。

所以，在考虑问题时，你要站在公司的角度，站在长远发展的角度思考，做出像领导一样的举动。只有这样，你才能使自己看起来更像一位领导，上司也会在晋升员工时把你和领导这个位置联系起来。

很多时候，老实本分并不能帮助你升职加薪，想成为上司和同事们心中的晋升对象，就要使自己有领导的样子。可能你天生不具备，也可能你

缺少成为领导的某些条件,这都不足以对你造成影响。学会装相,让自己变得像个领导,你成功的希望就会更大。

◐ 内功做足,升迁才有爆发力

我们承认,人与人之间并没有多大的区别。

可是在我们的生活中,有些人拥有不错的工作,就是比其他的人更成功,赚着更多的钱,而许多人忙忙碌碌地劳作,却只能维持生计。

心理学专家发现,这个秘密就是人的"心态"。

一位哲人说:"你的心态就是你真正的主人。"一位伟人说:"要么你去驾驭生命,要么生命驾驭你。你的心态决定谁是坐骑,谁是骑师。"

影响我们人生的绝不仅仅是环境,心态控制了个人的行动与思想。同时,心态也决定了自己的视野、事业和成就。

做足内功,首先从调整好心态开始。

古人说得好:"宠辱不惊,闲看庭前花开花落;去留无意,漫随天外云卷云舒。"无论做什么事都从容平淡,才是最好的。我们都知道,有许多事情,往往你越想得到它,结果反而越会适得其反。所以说,凡事不要太过强求。

在这个世界上,有烦恼和忧愁是很正常的事情,因为任何事都不可能一帆风顺。当我们遇到不顺心的事情的时候,应该抱着"随缘自适,烦恼即去"

第十二章
即使月薪千元，也要有月薪万元的气场

的心态，无论发生什么，保持一颗平常心，不要强求。

"不强求"常被一些人理解为不作为，听天由命，是逃避问题和困难的借口。殊不知，"不强求"不是放弃追求，而是让人以豁达的心态去面对生活；"不强求"是一种智慧，可以让人在狂热的环境中，依然拥有恬静的心态，冷静的头脑；"不强求"是一种修养，是饱经人世的沧桑，是阅尽人情的经验，是透支人生的顿悟。"不强求"不是没有原则、没有立场，更不是随便马虎。以"入世"的态度去耕耘，以"出世"的态度去收获，这就是"不强求"的最高境界。

知足常乐，中国古人对此早有体会和智慧地总结。老子说："罪莫大于可欲，祸莫大于不知足，咎莫大于欲得。"意思是说：罪恶没有大过放纵欲望的了，祸患没有大过不知足的了，过失没有大过贪得无厌的了。所以知道满足的人，永远是快乐的。

当然，这里说的知足并不是满足现状、不求进取，而是指一种平和的心态，而常乐则是指一种豁达的人生态度。

无论到了什么阶段，一定要保持一个好的心态。

刚走出学校踏入社会的小张天真地以为：无论什么事对她来说应该都不会太难，就像考导游证一样，她稍微努力一下就能通过。

凭着中职生在校期间考出导游证的这点自信，她进了杨浦区的一家旅行社，但事情并非她想象的那么简单。一次带团后，面对着根本不知道具体工作中这步做完之后下一步该说什么该做什么的窘境，她异常难过。而且由于知识的欠缺和讲解的不到位，

最终引来客人的投诉。一开始，这一挫折使她信心大减，甚至一度产生了强烈的自卑感。她不断地向父母抱怨，向好朋友倾诉，不断地自责。

但她终究没有放弃，在父母、老师和朋友的鼓励帮助下，她渐渐懂得了这些成长过程中的挫折，能帮助她不断改进，成熟得更快。她的妈妈对她说："不经历风雨，怎么见彩虹。"老师给她鼓励："你的目标总是很明确，这点困难影响不到你的。"好朋友真诚地说："我相信你行的！"正是因为有父母、老师和朋友的鼓励，她开始变得努力，意识到只有知识丰富了，讲解才能到位，所以无论在哪里她都会捧着一本导游讲解书，花大气力了解熟悉各个景点的介绍。

在接下来的两次带团过程中，她尝试着将所学的东西化为生动的讲解，加之热情周到的服务态度和虚心好学的精神，她逐渐得到了游客们的认可，慢慢地，她可以较轻松地带好团了。

虽说在职场中保持良好的心态是做足内功的重要一步，但也别忽视了你对待周围人的态度和方式。我们对待周围人的态度和方式决定周围人对你的态度和方式。所以在与人相处时，应该学会尊重他人，善待他人，尽量减少对别人的伤害。

友善拥有强大的力量，当你拥有一些愿意和你患难与共的好朋友时，你在人际关系中就趋于成功了。

与人为善是一种能力，一种态度。让善良和宽容替代怨恨、偏见、嫉

第十二章
即使月薪千元，也要有月薪万元的气场

妒和恶念，你会发现自己变得轻松、有力，善待别人往往也是在善待自己，很少有人因恨而得道，却有很多人因善而得救。人与人之间常常因为一些无法释怀的误解，而造成永远的伤害。

我们不要责怪别人，要试着了解他们，要试着明白他们为什么会这样做。这比批评更有益处，也更有意义得多，而这也孕育了同情、容忍。

如果我们做足了这些内功，我们离升职加薪就更近了一步。

● 可以身无分文，但一定要温文尔雅

自古以来，"德才兼备"的人就被人尊崇，为什么"德"要放在"才"的前面，是因为"德"比"才"更被人们重视。对于初出茅庐的新人来说，所学到的知识与实际经验间还存在着很大的差距，要想初进到一个公司就以自己的专业知识获得上司的青睐，几乎是不可能的。一个公司向你抛橄榄枝，首先是出于对你人品和修养的肯定，其次才是对你学识和能力的赏识。

爱默生曾经说过："优雅的身姿胜过美丽的容貌，而优雅的举止又胜过优美的身姿。"很多人都有这样的想法，只有同时拥有金钱和地位的人才举止优雅。其实，不管你有没有地位，即使身无分文，你同样可以向别人展示出自己的温文尔雅。

如果一个人不管什么时候，不管在什么环境下，始终都能保持优雅的姿态，那么这个人就会受到人们的尊敬。这正如一个人的内在品质一样，温文尔雅的行为举止是促成这个人成功的真正动力。

百胜全球餐饮集团董事局主席、首席执行官兼总裁大卫·诺瓦克就是这样一个人，无论是对下属、供应商，还是谈判对手，他都表现得非常温文尔雅，像个友善的倾听者一样，不急不躁，用自己的独特魅力征服别人。

和许多梦想成功的年轻人一样，大卫·诺瓦克出生在一个普通家庭，既没有世袭的爵位，也没有丰裕的家产。从密歇根大学新闻传播学院毕业后。大卫找到的第一份工作是在一家广告公司做企划。

不过，巧合的是，当时还属于百事旗下的必胜客与他们公司有着业务往来。在广告公司工作不久，他就跳槽进入百事，负责百事薯片的市场推广和销售工作。

1994年，百事旗下的肯德基准备改变模式，在美国大肆扩张。由于百事的高层们信不过加盟商，对他们有所保留，所以引起了双方的矛盾。致使双方的关系不断恶化。正在这时，大卫临危受命。

在说服加盟商的过程中。大卫表现得非常低调，尽量让自己看起来谦虚文雅。同时，大卫还拿出了征服加盟商最好的办法——倾听，在尊重事实的前提下，站在加盟商的立场考虑问题。甚至用最直接的方式告诉加盟商："我喜欢肯德基的炸鸡，但是我不懂

第十二章
即使月薪千元，也要有月薪万元的气场

得如何来经营，但是我知道你们懂。如果你们是我，同样会这么做。你们才是企业的'创业者'和'领导者'。"进行多次沟通之后，大卫凭借自己的文雅和真诚顺利地说服了加盟商们。

随即，大卫又用同样的方法，说服了百事高层，消除了加盟商与百事高层之间的隔阂。这让企业的高层人士也折服于大卫的温文尔雅。

美好的举止胜过任何华丽的装饰，即使一个人身居陋室，你仍然能从他的温文尔雅中感受到他的领导力和凝聚力。

奥斯卡影后奥黛丽·赫本经常告诫儿子们：要想做一个绅士，你必须首先做一个温文尔雅的男人。奥黛丽·赫本的儿子肖恩在为纪念母亲而写的传记中，道出了温文尔雅的秘诀："高雅源自内心的价值观，这并不是刻意营造出来的，而是由于谦逊品德的自然流露。"而另一个儿子休伯特则开玩笑说："母亲即使披着一个装土豆的口袋，也能够显露出高雅的气质。"

不管你是出身高贵的人，还是平凡的人，或者是身无分文的拾荒者，你的温文尔雅都会赢得人们的尊重。即使你目前没有实现自己的愿望，没有成为人尽皆知的富豪，你的温文尔雅仍旧能够让别人记住你，并愿意服从你。

不要因为自己没有名利，没有财富就看轻自己。即使是一棵不起眼的草，也有着自己崇高的理想。即使你身无分文，但只要你行为举止温文尔雅，就能在无意中展现出自己的魅力和风度，使别人甘心被你领导，让自己的升职之路变得更加顺畅。

职场无论输赢，都要保持最完美姿态

身在职场，无论成败，都要保持最完美的姿态，宠辱不惊。

从前有座山，山上有座庙，庙里有一个老和尚和一个小和尚。一天，老和尚带领小和尚下山去化缘，半路上，遇到一条涨水的小河拦住了去路，河边且无渡船。老和尚和小和尚只好挽起裤脚准备涉水渡河，这时，他们发现还有一位美丽的姑娘也想要过河，但湍急的水流让她望而却步。老和尚慈悲心怀，对那姑娘说了一声："施主，我来帮你。"便把姑娘背到身上，蹚过了河，然后放下那女子与小和尚继续赶路。小和尚一边走一边在心里嘀咕："师父今天这是怎么了，竟要背一女子过河？"他一路走一路想，行了十来里后，还是忍不住心中的疑惑，对老和尚说："师父平时教导，出家人不可接近女色，刚刚师父为何背那女子？"老和尚听后叹道："我早已把她放下了，难道你还没有放下？"

放下也是一种完美的姿态，人在职场，我们需要的是像老和尚那样能够当机立断，什么事情都应"拿得起、放得下"，千万不要像小和尚那样受固定模式的束缚，该拿的时候拿不起，该放的时候又放不下。

除了拿得起放得下，要想保持完美的姿态，我们还要勇于挑战自我，即勇于突破自我，做以前不敢做的事情，有以前不敢有的想法。

不狠狠地逼自己一把，我们永远不知道自己有多优秀。敢于挑战自我，战胜自我，在职场上你已经为自己打造了一个不可战胜的形象。

勇于挑战自我，敢于承担风险，才能让你在职场中获得晋升加薪的机会。

第十二章
即使月薪千元，也要有月薪万元的气场

张慧是公司部门经理，年终总结又被评为业绩第一，主管上级对她褒奖有加，决定对她进行一定的经济奖励，并提请公司董事会批准同意提升张慧的职位。对于此项殊荣，张慧不是欢呼雀跃，而是整天愁眉苦脸闷闷不乐。

原来两年前张慧在做业务员的时候就是因为业绩突出而被提升为部门经理的。在提升以后的这两年里，为了回报公司对她的重用，张慧制订的年度工作计划目标比上一年都增长了一大截。她为了完成当初做出的计划书，夜以继日废寝忘食地拼命工作。有一个项目还是张慧发着高烧挂着吊瓶完成的。此次公司再度提拔她，虽说是对她工作成绩的肯定，但也为她下一步的工作设置了更高的目标和计划。她觉得自己再也无法承受这样的工作压力了，为此才闷闷不乐忧心忡忡。

心理学家早已指出，不规律的生活方式会给人带来很大的压力，并使人身心疲乏，未来的不确定性更会让人整天筋疲力尽。所以说，自我挑战不是一件坏事，但一定要量力而行。

身在职场，难免会遇到职场上的一些不平事，与其抗拒、斗争，不如主动地去适应，然后把更多精力放在自己的本职工作上，这才是明智的做法。

如果你只是一名普通的员工，你改变不了任何决策和你身边的人，要想让自己始终不被外界所伤，就必须深入地了解公司文化、运作方式和行事风格，让自己在不公平的环境里慢慢成熟，平衡自己的心态。只要你改变比较的对象和标准，就能够在心理上消除不公平感。

挫折是人生的一种常态。每一名成功者背后，都有着不为人知的艰辛，他们同样都经历过职场上和生活上的无情打击。"跌倒了再站起来，在失败中求胜利"，几乎所有在职场上成功的人，都是凭借着其坚忍执着的性格、不屈不挠的进取精神和乐观向上的积极心态，才实现了自己的人生目标、获得了事业上的长远发展的。

事业的成功，必须建立在勇于面对挫折的基础上，在追求成功的过程中，不可能永远都失败。我们也不能因为一次的失败，就对自己全盘否定。所以，无论输赢，我们都要保持最好的姿态。

失败了，我们就去吸取失败的教训，在以后的职业生涯中引以为戒。职场中，我们努力去升职加薪，不一定每次都成功，但这不是我们放弃的理由。

有人认为自己失败时摔倒的样子一定很惨，既然你不想让大家看到你摔倒时的样子，你就要做到无论输赢，都保持自己最好的姿态，从容优雅，宠辱不惊。

CHAPTER 13
第十三章

8小时之内求生存，8小时之外求发展

GET PROMOTION
PAY RISE BE GENERAL
MANAGER

▶ 有效管理自己的时间，高效完成工作任务

在职场，很多人没有像自己期望的那样升职加薪过上很愉快的生活，并非是因为不努力工作，而是因为工作没有效率，看似每天按时上下班，不迟到，不早退，上班期间坐在自己的工位，埋头苦干，但是到最后业绩一考核，低得不能再低。一个农民有没有成绩，从粮食的收成来考核，学生考核的标准就是学习成绩，那么一个身在职场的业务人员，考核的标准只有一个，就是业绩。如果业绩没有上来，老板不会提拔你，即使破例提拔当领导了，手下的人员会认可吗？会服从吗？当然不会。所以说，对职场上的业务人员来说，最能证明自己实力的东西就是有效的时间管理，工作任务的高效完成。

我的一个朋友是做会计工作的，刚到新单位的时候，干劲十足，效率很高，唯恐自己过不了实习期，可是过了试用期之后一

第十三章
8 小时之内求生存，8 小时之外求发展

切都变了。工作效率越来越低，为此领导找她谈话好几次。虽然她对自己这种拖拉而导致的效率低下恨之入骨，可是就是不知道怎么提高效率。于是她去求教一个做心理咨询师的朋友。朋友给她的建议是在上班第一个钟头，先去解决那些麻烦的差事，在剩下的时间里，其他工作就会变得相对轻松。考虑到她学的是财务管理，咨询师这样解释其中的道理：按一天工作七个钟头计算，一个钟头的痛苦，加上六个钟头的幸福，显然要比一个钟头的幸福，加上六个钟头的痛苦划算。她完全同意这样的计算方法，而且坚决照此执行了。很快就彻底克服了工作拖延的坏毛病，同时也提高了工作效率，得到了领导的多次表扬，不久就被提升为部门主管。

可见，提高工作效率的关键是如何管理好自己的时间，然后制订计划，一步步地去落实。如果没有了执行，一切都是白搭。此外，最好将自己要做的事情记录下来，免得在做事情的过程中，忘记计划。如果任务艰巨，不妨把这件工作分解成若干个阶段，规定自己每天需要完成的数量，这样你就不会觉得头绪紊乱了，也不会白白浪费时间和精力了，而且你会觉得离大功告成越来越近，随时都可以鼓足劲儿干下去。

在 1984 年的东京国际马拉松比赛中，一位在以往比赛中成绩并不出众的选手山田本一获得了世界冠军。人们对他取得如此好的成绩很惊讶，问他获胜的诀窍是什么？山田本一微笑着说：

"我只是凭着智慧战胜了其他对手。"当人们追问他智慧是什么的时候,山田本一笑而不答。因为马拉松比赛是体力与耐力的运动,只要身体素质好,又有耐力,就可能夺冠。所以,很多人对他"靠智慧战胜对手"的话语并没有在意。可是在1986年的意大利国际马拉松比赛中,山田本一再次获得冠军。这次记者们不再像两年前那样轻易放过他了,追问了半天,但这位世界冠军依然是两年前的那句话:"我只是凭着智慧战胜了其他对手。"记者都对他无奈了。

直到十年之后,山田本一在自己的传记中才解密了自己获胜的原因。原来在每次比赛前,山田本一都要把比赛的线路看一遍,并把沿途比较醒目的标志画下来,并深记在心。比如,第一个标志是红房子,第二个标志是一棵大树,第三个标志是一座银行……当比赛开始后,他就以百米冲刺的速度奋力向第一个目标冲去。等到达第一个目标后,他就以同样的速度向第二个目标冲去。40多公里的比赛赛程,就被他这么分解成了几个小目标,一段一段地轻松跑完了。

可见,当面对巨大挑战的时候,不要老盯着最后的任务,而要将巨大的任务分割成若干小的任务,然后逐一攻破,这样就能高效率地完成最后的巨大任务了。如果起初就盯着最后,恐怕还没有行动,已经被吓趴下了。

第十三章
8小时之内求生存，8小时之外求发展

所以，要想提高工作效率，就必须量化分解自己每天的工作任务，规定自己在某个时间段必须去执行某个任务，并完成它，这样就能逐步给自己施压，防止拖延，就能提高工作效率。

那么，如何提高执行力呢？

首先，你要认同你做的事情。如果领导分配给你的任务，你从内心并不认同，那么你就会产生一种抵触心理，要想提高效率就很困难。所以要想顺利高效地完成任务，首先要做的是从内心认同这个任务，觉得它值得自己去做，然后再去做，这样效率就会提高很多倍。

其次，明确自己的目标。目标就是前进的方向，没有目标就如大海中的船没有安装指南针，很容易迷失方向，即使费再大的劲都难以抵达彼岸，最终还可能被吞噬。可见，明确目标不仅是执行的方向，还是前进的牵引力。

第三，要制订细致的执行方案。这个方案说白了就是将大目标分割成小目标，然后分阶段完成的过程。比如第一个月要完成到什么地步，第二个月要完成到什么地步……总之要把握住一点——"前紧后松"，前期的任务量加重一些，后面的就轻松了。如果遇到意外情况拖延了时间，也好为后面的工作留下补救时间。

第四，要强化执行。就是强制性地去干、去做，因为如果某一天偷懒了，就有可能影响到后面的整体变化。最可怕的是，今天想偷懒一次，明天想偷懒两次，后面还想偷懒五次……最后，一事无成。

工作不应仅做分内事

很多职场中人都觉得只要自己按部就班做好分内的事情就可以了。实际上，这样往往得不到老板的认可，也不会有升职加薪的机会。为什么呢？道理很简单，如果大家都只干分内的事，而且都干得很好，就难以分出优劣了。但是分外的事情呢，就可能因为每个人认识的人脉不同，对公司的帮助有大有小，这就客观反映出了一个人能力的大小。这个能力，就是你升职加薪的无形资本。

职场竞争惨烈，如何稳操胜券，让你的岗位无人可以取代？一个公司有些人可有可无，有些人却是不可或缺的。想办法让老板离不开你，这才是一个聪明职场人应该做的。那么如何做到这点呢？

第一，好的人品。小富靠勤，大富靠德。一个企业最看好的人才并非是能力多么强的人，而是品德高尚的人。能力强的人可以干好事情，品德好的人却可以把事情干得更长远。如果一个人业务能力很强，可是他却将自己公司的机密出卖给其他公司，让其他公司获得了巨大的利润，那么这样的业务人员，对公司有什么用呢？今天挖公司的墙脚，明天就可能拆公司的大梁了。领导敢提拔这样的员工吗？

第二，永远要比老板吩咐的多做一些。做好分内的工作在过去的年代也许很实用，但是在如今的职场，仅仅做好分内事情的人只能被淘汰。如果只做分内的事情，大家都一样按部就班上下班，老板吩咐什么就做什么，

第十三章
8小时之内求生存，8小时之外求发展

很难分出优劣。如果做好了分内的事情之后，分外的事情也做得很出色，就很容易得到老板的赏识。要想达到这一点，唯一的办法就是你永远要比老板吩咐的多做一些，而且不要怕吃亏，否则就会前功尽弃。

第三、用一颗谦虚谨慎的心沟通 人与人交流的最重要方式就是语言，在职场上尤其如此。与老板交流的时候，一定要保持一颗谦虚谨慎的心，不能因为老板做错了一件事被你发现了，在以后的日子里你就觉得只有自己最厉害，对老板吆五喝六。老板做错事很正常，因为他也是普通的人，谁能无错？再说，老板犯错也许是在试探你为人处世的方法呢？所以，和老板沟通要谦虚。同样，和同事交流更应该如此。因为你每天与同事们在一起，沟通的时间更多。如果有一句话说得让你的同事心里很不舒服，那么在以后的日子里，他就可能为你升职加薪制造障碍。

第四、要保持不断学习的习惯 刚入职场的时候，很多人逼着自己学习，好在职场占有一席之地。可是时间长了，很多人学习的劲头就慢慢被消磨殆尽了。而随着工作年限或经验的慢慢积累，反而会使这些老员工们产生一种优越感。俗话说"长江后浪推前浪，前浪死在沙滩上"，现代企业都喜欢年轻有为的员工，他们善于接受新环境和新事物，而且能够熟练地操作新时代的工具。如果在这样的环境中，那些老员工还倚老卖老，安于现状，那么最终可能逃不脱被淘汰的结局。

第五、人脉是你升职加薪的跳板 职场上常有一句话：30岁前靠能力，30岁后靠人脉。人脉即是情脉，情脉即是钱脉。人脉就是职场上的风水，经营过程中，在自己有点想法时，这个关系网可是能发挥超常作用的，特别是在中国这么讲人情的社会。

我们相信,"机会永远留给有准备的人",要想在工作中实现自己的理想目标,得到升职与加薪的机会,除了上面几条基本要素之外,还有许多的天时、地利、人和要素,需要我们去关注。

另外,我在网上还发现了一些网友们总结的升职加薪的禁忌,觉得挺有道理的。在这里我精选几条与大家分享一下:

1. 工作时间不要与同事喋喋不休,这样做只能造成两个后果,一是那个喋喋不休的人觉得你很清闲,二是别的人觉得你俩都很清闲。

2. 不要在老板不在的时间偷懒,因为你手头被打了折扣的工作绩效迟早会将你的所作所为暴露无遗。

3. 不做夸张的装扮,工作场合远离半尺厚的松糕鞋与有孔的牛仔裤,这种装扮可能会让别人无法集中精神,也制造出与业务极不相称的气氛。

4. 不要仅为赚取更多的钱,就为公司的竞争对手做兼职。更不要为了私利,就将公司的机密外泄,这是职场上的不忠,员工之大忌。

5. 不要每日都是一张苦瓜脸,要试着从工作中找寻乐趣,从你的职业中找出令你感兴趣的工作方式,并尝试多做一点。试着多一点热忱,可能你就只欠这么一点点。

6. 不要推脱一些你认为冗长及不重要的工作,要知道,你所有的贡献与努力都是不会被永远忽略的。

7. 不要将个人情绪发泄到公司的客户身上,哪怕是在电话里。在拿起电话前,先让自己冷静一下,然后用适当的问候语去接听办公桌上的电话。

8. 不要提交一份连你自己都不想收到的报告,更不要言之无物,因为你不只有填写报告的义务,同时也有提出改善意见的责任。

9. 不要言而无信，否则会让所有与你工作上有关系的人都生活在惶恐中。

10. 不要只是一味等候或按照别人的吩咐做事，觉得自己没有责任，因此出了错也不用受谴责。这样的心态只能让人觉得你目光短浅，并永不将你列为升迁之列。

11. 不要在工作时间打私人电话，休息时间再打，你的形象也不会受损。

12. 不要在上司说了一个不好笑的笑话时开怀大笑，应明白上司需要一个有创意、有热忱的工作者，而不是一个应声虫。

13. 不要把办公室家庭化，这是不专业的表现，也是对公司领地的"侵犯"，更何况公司的人没谁愿意知道你的家里是什么样。

将职场之外的人脉圈子，嫁接到职场上来

网络上有句流行语：读万卷书不如行万里路，行万里路不如阅人无数，阅人无数不如仙人指路。虽然每个人成功的方式不一样，但现实很明确地告诉我们，无论在政治领域还是商业领域，人脉确实能帮助你少走弯路。

在好莱坞流行着这样一句话："一个人能否成功，不在于你知道什么，而在于你认识谁，人脉是一个人通往财富、成功的门票"。斯坦福研究中

心曾经发表一份调查报告，结论指出：一个人赚的钱，12.5%来自知识，87.5%来自关系。这个数据是否令你震惊？在社会分工越来越细的今天，要想成功，就必须要迈过人脉这道坎儿。俗话说，一个篱笆三个桩，一个好汉三个帮。在竞争激烈的职场中打拼，身边没有几个朋友是绝对不行的，朋友越多、成功的机会就越多。一个人的成功离不开周围朋友的辅佐和帮助，单枪匹马的人在这个重视协作的社会中注定要多摔几次跟头。因此，你要学会协调周围的人际关系，多几个朋友，少一些敌人，这对你的事业成功将起到至关重要的作用。

在生活中，我们经常看到有的人总是形单影只，这些人习惯于将自己置于自我封闭的状态，不与外界交流，好像把自己与整个世界隔离开来，我们看到的总是一副冷冰冰的面孔，心事重重的样子，这样的人大都是因为人际关系上出现了问题。如果长期下去，就会将自己孤立起来，或者遭到周围人的排斥，这样对自己的事业可能会有影响，也会阻碍个人的发展。现代企业更需要能够和周围人处理好关系的员工，尤其需要那些具有协作精神和团队意识的员工，因为这将有助于人们顺利开展工作，有助于整个团队事业的顺利完成。

在《水浒传》中，既有柴进、卢俊义这样家底殷实的富二代，也有杀人放火、偷鸡摸狗这样的三教九流，宋江既没有丰厚的家底，也没有一身过硬的本领，怎么当上一把手的呢？虽然有时我们不认可自己的领导，但不得不承认，能当上领导的人必有其过人之处。宋江的过人之处就在于善于培育人脉。

第十三章
8小时之内求生存，8小时之外求发展

宋江一开始只是一名在衙门当差的小吏，既没钱也没背景，但他那时已经懂得结交江湖义士，并且因为仗义疏财而被江湖人称"及时雨"。而且宋江明白，在当时的社会，"义"和"孝"是最为人看重的两种品质，所以他也很注意打造自己在这方面的名声，又得到"孝义黑三郎"的绰号。宋江初见武松的时候，发现武松的衣服破旧，马上出钱给武松做衣服，而且还热情地邀请武松去喝酒，并且一喝就是好些天。虽然这些酒钱都是柴进出的，但宋江表现出的主人翁意识却让彼时落魄的武松很感动。宋江送别武松的时候，不仅拿出十两银子给武松做盘缠，还特意摆酒送行，一送还送了好几里路，最后一直目送武松到看不见为止。如此费心，武松心里必然将宋江摆在了重要的位置。

从宋江的为人处世方式，可以提炼出培养人脉的两个要点：一是注重培养自己的好名声，二是用出色的交际手段结交对自己有用的人。

我们处在一个信息纷繁复杂的社会，各种消息纵横交错，我们无法控制机会何时出现，唯一能做的就是通过拓展自己的人脉来给自己创造更多的机会。你只要拥有无限发达的信息，就拥有无限发展的可能性。信息来自你的人脉网，人脉有多广，你的信息就有多广，这是你事业无限发展的平台。

在台湾的证券投资领域，杨耀宇可算是一个知名人士，他将人脉竞争

力发挥到了极致。他曾是统一集团的副总,退出后做了一名财务顾问,并兼任五家电子公司的董事,身价有5亿元台币之高。一个原本不起眼的乡下小伙子是如何快速积累起这么多财富的呢?杨耀宇自己解释说:"有时候,一个电话抵得上十份研究报告。我的人脉网络遍及各个领域,数也数不清。"

从这里,我们不难看出建立良好人际关系的重要性。一个人一旦踏入职场,光有主动性是远远不够的,要想把事情做好,还必须建立起自己的人际网络。因为你掌握的知识是有限的,你无法独立完成所有的任务,你必须知道谁懂得你未知的信息。即使那些优秀的工作者,也需要一个庞大的专家体系来帮助他完成工作。我在这里再列举一个发生在我们身边的例子:

前几天,我们楼层的卫生间漏水了,楼下的楼层都遭殃了,我们打电话找物业,结果物业的工作人员说他们唯一的修理师傅生病请假了。因为迟迟无人来修理卫生间的水管,楼下的小伙子们个个赤膊上阵,打算找我们算账,我们的老板也着急,可是干着急没有办法。此刻,我们的同事小王说,自己认识一个朋友,住的地方离我们公司不远,专门修马桶的,要不找他来看看。老板让小王赶紧给他打电话,一会儿小王的朋友来了,三下五除二就将卫生间的水管修好了。从而避免了一场冲突。老板心里高兴,小王也因为公司做了点什么而高兴。本来小王业绩平平,老板压根儿没注意过公司有这个人,可自从

第十三章
8小时之内求生存，8小时之外求发展

这件事之后，老板知道了小王。公司后勤上有问题需要解决的，老板都让小王出面帮助解决，没有多长时间，小王被调到外联部，主要协调对外联络事宜。

对每一个员工来说，工作认真是最基本的要求，但要想被老板重用，还要有广泛的人脉网络，并能够将这些人脉资源嫁接到工作中最需要的地方。良好的人际关系会使我们的工作更加得心应手，让我们得到更多人的认可和尊敬。人脉对顺利开展工作起着不可估量的作用，无论你在什么样的企业工作，都需要在企业内外建立起良好的人际关系网，这样才能更有利于自己的发展。

那么，在繁忙的工作中间，如何营造一个舒适的工作氛围，如何有效地运用你和他人的人际关系呢？

第一，要让自己增值，成为一个有用的人。人们互相交往的目的就是互惠互利，如果你没有价值，那么这样的交往对他们来说就是一种浪费，慢慢地，他们就会远离你，等你真要用他们的时候，他们未必愿意帮助你。

第二，要不求回报地帮助别人。要想获得对自己有用的人脉，就必须先去帮助别人。如果别人暂时没有回报你，你就停止了帮助，那么你就可能失去这个潜在的资源。

第三，为你认识的资源介绍资源。如果你认识了一个对你有用的资源，那么，你不能将这个资源完全捂在自己手中，而也要给他介绍他需要的资源。这样，他的资源圈子越来越大，相当于你的资源圈子也大了起来，以后你需要什么资源时，他也会将自己的资源介绍给你。

第四，要让你的人脉资源运动起来。关系不是古玩，收藏越久价值就越高。人脉资源只有勤利用才能真正起到资源的作用。假如你有一个朋友是搞工程项目的，你恰好是搞建筑的，你手中有很多活儿，你不让他帮忙，他也不找你帮忙，时间久了，彼此也就生疏了，即使有一天你主动求助人家了，估计他也早忘记你了。所以有资源一定要利用起来。有人说，彼此发了一张名片，这还不算认识，真正的认识是至少通过五六次电话，吃过四五次饭，醉过两三次，合作过一两次。

可见，建立起真正的人脉资源不容易，要且行且珍惜。

▶ 设计好你的"圈"，让别人欠你的人情

在职场上，很多偶然的机遇会改变人一生的命运，这看似是一种偶然，其实很多时候它是一种设计好的"圈套"。通过这种"圈套"，让别人欠下你的人情，别人就会有一种强烈回报的愿望甚至冲动，因为只有做出回报才能还你这个人情债。比如当某人冲你微笑时，你会觉得必须回一个微笑，尽管没人要求你这样做，你还是感到需要立即偿还这个"精神债务"。古语说"投之以桃，报之以李"就是这个意思——仅仅是负债感就能让人产生足够的心理不适，只有礼尚往来才能卸掉人情债的负担。

很多时候，在你正好需要帮忙的时候，对方有意设计一个圈套，设下

第十三章
8小时之内求生存，8小时之外求发展

一个局，甚至只是说一些让你感动的话，做一些让你感动的事情，就让你觉得得到了帮助，让你感到他是你唯一的朋友，让你觉得你已经欠了他的！一句话，这个人想利用你！说明你现在可能具备利用的价值，也可能不具备利用的价值。如果是前者，说明他不高明，很容易被你揭穿，但你不要说得太明白，心里明白就好，毕竟人家现在是给你帮忙嘛！如果是后者，你要小心了，说明此人城府极深，看出你以后有利用的价值，眼光很好！总之，你要有一定的分析能力，必须看穿他的阴谋。

一个商人是做文具生意的。他在生意场上十分热情，只要朋友用得着的，他绝不会推托不管。但他有个小习惯，只要他为人家帮了忙，事后他总会让人家帮他销售文具。一次，一个做纸张生意的朋友因为去进货时钱带少了，想向商人借两万块钱，几天后就还他。商人觉得他可以帮自己处理一些学生作业本，于是就说："这几天手头紧，一时没那么多钱，这样吧，我这里有一批学生作业本，你可以与熟悉的批发商联系一下，能换成钱你就都拿去好了，少说也能卖两三万。"朋友还以为商人真想帮自己的忙呢，就赶紧联系文具批发商。结果折腾了两天，本子也没卖出去，因为这些本子积压很久了，有的都破了。朋友很着急，但商人却显得很无奈。朋友只好向别的同行借钱，很快解决了资金周转问题。商人自己并没有在意，那个朋友开始与他疏远。

有些人善于将自己的利益假饰成别人的利益，当他们接受恩惠时看起来好像他们在施予恩惠。有些人精明得很，明明是在求人，给人的感觉却是他们在给人以荣幸。他们用使自己获利的办法让别人产生荣誉感，他们能让其他人觉得在给自己东西时倒像是在偿付债务。他们绝顶聪明，打乱主客关系，让人迷惑不解，不知道谁是施惠者，谁是受惠者。他们用廉价的称赞赚取最好的东西，通过表示他们喜欢某件东西来给予别人荣誉和奉承。他们以别人的谦卑来获得对某物的所有权。本来该他们自己觉得感激的东西，却让别人觉得受了他们的恩。他们在感恩这个词上尽情玩弄主动态或者是被动态花招，他们更擅长的是政治而不是语法。但如果你能当场破其狡诈，阻止他反客为主，让名誉归于当归之人，让利益归于当得之主，那就证明你才是更精明的人。

在职场管理中，这一招同样适用，管理者们需要做的就是在下属的心理上制造一种负担。让下属对你感恩戴德，你就能成功得到下属的配合和爱戴，也就能得到很好的团队业绩。想一想你能够做些什么，给予些什么，或者说些什么，能使对方产生这种负债感？

我有一个朋友，十多年前刚出道的时候，在一家汽车厂任职物控经理。因为业务做得非常出色，每年帮助老板节约了上千万的采购费用，很受老板器重。可是，这家厂做的是警车改装业务，业务局限性很强，也根本不可能做大，所以整体的工资福利水平都不高，也不适宜有志人士长期在里面发展。于是他就几次提出离职，可是，每次提出离职后，老板都会私下里请他去家里吃饭。

第十三章
8小时之内求生存，8小时之外求发展

尽管朋友很不习惯，却总有一种负债感——老板家里从不随便煮饭，也很少请人回家吃饭，由此可见老板对他的器重。这种感觉让他在那里多待了两年。后来该朋友还是离开了，做了一大型企业的高管，掌管着不少的下属，但这些人一个个都不是省油的灯，很多人在企业里的时间都比他长，互相之间也都有着千丝万缕的关系，可以说，任何一个人他都惹不起，任何一个人的主动配合对他都十分重要。于是，他就采取了如下原则：一是从不吃请，即使有机会与下属一起吃饭时，他也从不让下属买单；二是从不接受下属馈赠，反而每次出差时，他从不空手而回，土特产品是人人有份；三是主动替下属承担过错，让下属们处处感觉到欠他的情，最后，大家都只能通过把自己的工作做到尽善尽美来回报这个人情。事实证明，这种方法让他获得了前所未有的成功和成就。

与正经人交往，最忌讳贪小便宜。我们不要为那一点点利益蒙蔽了双眼，老百姓却说："占点小便宜也发不了家。"主动放弃小利，不在乎报酬，帮一次忙，对方就感激你一次，以后你找人办事，自然就好开口了。

让别人心理上欠你人情，是拓展人缘的最佳方式。"人家帮我，永世不忘；我帮人家，莫记心上。"这是华罗庚的名言。这句话告诉人们，不要忘记别人对自己的帮助，但对自己的付出不要看得太重。

总之，身在职场，人人都想加薪。问题是，怎样才能成功加薪？单靠好的工作业绩就能加薪了吗？当然不是，但毕竟职场也充满了"人情"味，关键还是要看你如何去利用。用得好，加薪就在眼前。

▶ 时时修复你的人脉网络

一般情况下，一个人一生中交往的人有10、30、60个，很多人不能理解，因为我们每天都接触很多人，比如同事、老板、同学、朋友、客户等等，这些人加起来就远远超过了这个数字。实际上，我所说的"10、30、60个"是有标准的，即以是否借给你钱为衡量标准。比如你今天遇到困难了，能够借钱给你的人，肯定不会超过10个。如果你不信，仔细数一数，你真的需要钱的时候，哪些人会借钱给你？把自己的亲戚、朋友、同学，包括父母都算上，是不是不超过10个人呢？再进一步想想，自己经常打交道的，或者有过生意往来的人，会不会超过30人？当然这些人也包括前面的10人。再外延一下，曾经有过一面之缘，或者偶尔记起来打个电话的熟人，他们在你遇到困难的时候会借钱给你吗？细细算一下这些人，超过60人了吗？包括前面的30人。

之所以说这么多，我是想说明，我们看似每天遇到、接触很多人，其实很大一部分都是浮云，在你遇到困难时是不可能去帮你的，只有极少数几个人会帮你，成为你一生中最关键的贵人。所以，在与这些贵人相处的时候，要懂得珍惜，不要去伤害对方。

王子辰前几天与自己的铁哥们儿李晟吵架了，两个非常好的人的关系降温到了冰点。

王子辰大学毕业时到处找工作，可是找了很久都没有找到满

第十三章
8小时之内求生存，8小时之外求发展

意的工作，心情很郁闷。为了借酒消愁，他喊上自己的一个朋友出来喝酒，朋友来喝酒时又带了另外一个朋友，这个朋友就是李晟。当时李晟已经毕业两年了，在一家公司已混到了中层。两个人交谈甚欢，当李晟听到王子辰还没有找到工作的时候，就推荐王子辰去自己的公司上班。王子辰一激动自己吹了一瓶子啤酒。第二天王子辰给李晟传了一份简历，很快王子辰被通知面试，经过层层筛选最后王子辰顺利通过面试。因为这件事王子辰与李晟成为无话不谈的好哥们儿。后来，李晟提升为公司的高层，王子辰也从小职员提升为部门主管，但是他们的关系还是那么铁。

但是这一天，突然发生了一件事，让两人有些措手不及。这天，王子辰的领导将他叫到办公室狠狠批评了一通，原因是王子辰带领的部门没有完成这个季度的业绩，这让王子辰面子丢尽。李晟知道这个情况后，赶紧约王子辰出来喝酒解闷，刚喝到劲头上，王子辰的母亲打来了电话，向儿子哭诉，他的父亲出轨了，要和她离婚。王子辰赶紧打电话给父亲，劝说他一把年纪了不要折腾了。没想到他父亲不仅没有听进去，反而狠狠将他批评了一顿。

顷刻，王子辰觉得自己就是一个被人遗弃的孩子，单位领导不待见自己，从小崇拜的父亲也背叛了母亲和自己。王子辰边喝闷酒边痛哭。在一旁的李晟不停地安慰，可是就是不见效果。李晟生气了，他觉得王子辰已经够幸运了，自己不到3岁，父母亲就出车祸了，他一直在叔叔家长大。他经历的痛苦不比王子辰少，可是他依然挺过来了。于是，李晟对王子辰说："王子辰你能不能

像个男人啊！"没有想到正在气头上的王子辰回头冲着李晟吼道："我就不是个爷们儿怎么了，与你有什么关系，别觉得曾经帮过我，就来管我的事，好像你高高在上似的，我告诉你离开你我活得更好，以后你别管我的事。"李晟沉默了很久，想扶王子辰回家，可是被王子辰推开了。李晟一个人走出了酒吧。

事后，王子辰觉得很后悔，虽然两人也见面，但是都觉得有什么东西卡在他们之间，渐渐地，两人变得越来越陌生了。王子辰知道自己错了，但就是不知道如何去给李晟道这个歉。

其实，两个人之间并没有什么大矛盾，就是酒后失控伤害了对方，人常说刀伤容易愈合，但是语言造成的伤口却是很难愈合的。除非王子辰真诚地去道歉，否则他们之间多年的感情也许从此就画上了句号。

后来，王子辰将这个心结告诉了另外一个朋友，那个朋友给他出了三个主意：

第一，直接道歉。既然都是爷们儿，爷们儿做事就得像个爷们儿的样子，既然觉得自己错了，就直接登门道歉。但是王子辰觉得自己拉不下这个面子。

第二，电话或者短信道歉。但是很快就被王子辰的朋友否定了，他觉得这样道歉是毫无诚意的表现。王子辰也认同。

第三，请高人从中斡旋。请一个有分量的人，制造他们彼此坐在一起的机会，此时王子辰再道歉，这样就显得顺其自然，气氛也不会那么尴尬。王子辰接受了这个建议。

王子辰想到了当初介绍他们认识的朋友，让他来充当中间的斡旋人。

第十三章
8小时之内求生存，8小时之外求发展

在那位朋友的帮助下，王子辰与李晟之间的矛盾很快化解了。

可见，无论在哪里，我们都要珍惜身边的贵人，不能因为一时的冲动就毁掉彼此的感情。一旦出现了问题，不要退缩，无论对方是否接受道歉，自己都要勇敢地去面对。所谓解铃还须系铃人，勇于承担错误是一个男子汉应该去做的。作为一次成长经历，完善自己的人格缺陷，有则改之无则加勉，不计较成败，有了"我不下地狱谁下地狱"的心理，对方一定会理解和接受的。

因为我们身边的贵人很少，所以不仅要珍惜彼此的友谊，还要敢于修复不小心伤害了的友谊。

另外，还要学会不断拓展自己的人脉，下面教大家几招拓展人脉的方法，希望对大家有用。

1.通过熟人介绍，拓宽你的人脉资源。明确自己需要哪些人脉资源，然后寻找可以帮助你认识这些资源的人，通过他们的介绍，让你与自己所需要的人脉对接起来。

2.通过网络交流手段。现在网络交友的方式灵活多样，比如QQ、微博、微信等，都是很便利的拓展人脉的渠道。

3.参加对自己有用的社团活动。去社团寻找自己想要的资源，走出封闭的自己，融入社团中，你才能找到自己想要的人。

4.参加集体活动。可以从集体活动中有所收获，有利于丰富人脉资源。

5.学会沟通和赞美，为自己拉人气。要学会与陌生人搭讪，更要学会赞美别人，这样你才能认识更多的朋友。

6.要克服被拒绝的心理。很多人在与陌生人交流时，不敢向对方索取

联系方式，唯恐被拒绝，遭到尴尬，所以在没有行动之前，自己就将自己否定了。要想知道最终会不会被拒绝，首先要克服这种心理，大胆地迈出第一步，你会发现一切都是那么容易。

7. 创造认识的机会。本来彼此不认识，但是你很想认识人家，那么你首先要瞄准对方的需求，然后制造偶然的机会去帮助人家，别人反过来也会帮助你，你来我往之后，不认识的人最后也就成了好朋友。

▶ 下班后的 8 小时，决定了你的成功指数

现在的社会，物价飞涨，唯一不涨的就是工资。每月工资一发，等扣除房租、生活费、买衣服及化妆品的钱后，就顺理成章地成了月光族、年光族……这时候，就急需一部分钱来弥补，但这些钱从哪里来呢？上班时要为老板卖命，那么只能在下班后的业余时间中来创造了。因此，8 小时之外成了创业新生活的开始。把握下班之后的时间来实现自己的创业梦想，是很多年轻人的憧憬。人的一生不仅需要一份职业，更需要一份事业。因此，很多人开始在下班之后，回归自己的梦想，尽情享受业余时间里创业所带来的乐趣，也正是这样的创业生活，让很多人发了财，让全家过上了幸福的生活，自己成为大老板。

第十三章
8小时之内求生存，8小时之外求发展

我的朋友陈磊毕业之后进入北京一家房地产公司就职。由于北京的房价飞涨，他只能到郊区去住，可是办公地点在三环之内，所以陈磊每天从住的地方到单位少说也得花三四个小时，但是他的收入却仅仅只够维持基本生活。一时间陈磊突然害怕了，他觉得如此下去，自己忙碌一辈子，到最后连养老的钱都存不下来。于是陈磊在内心一直纠结着，到底有什么好的兼职呢？最好就在自己家门前，而且能够自由地掌控时间，最关键的是能够挣很多钱。虽然觉得自己可能是在做梦，但是他又想，没有异想哪有天开。深思熟虑之后，陈磊最终决定尝试开一家门槛儿很低，而且自己有时间掌控的网店。

网店上线了，陈磊开始寻找合适的商品。可是这时候陈磊纠结起来，凡是自己能够想到的商品，网上都在卖了，要想取胜，必须卖别人家没有的产品，可是哪些是别人家没有的呢？他突然想到了一个产品！陈磊从小身体体弱多病，久治不愈，尝试过很多中西药都没有看到丝毫效果。后来陈磊的朋友给他推荐了一家美国生产的保健品。陈磊亲身体验了一些日子之后，觉得效果相当不错。于是，陈磊就想在自己的网店里卖保健品。为了能够选中最佳的产品，陈磊从消费者的身份转换成了经销商。他花了好几个月的时间在网上做相关调研工作，并专程从北京飞到台湾的生产基地做实地考察，几经周折，陈磊终于选好了品牌。

小店开业初期，由于没有太多的积蓄，陈磊只好硬着头皮从母亲那儿借了一点钱投资在网店上。为了让店面个性十足，有吸

引力，陈磊每天从原来休息的6个小时减少到休息4个小时，剩下的2个小时就逛网络上所有的精品店，从别人那儿偷师学艺，尽量将别人的买家发展成为自己的意向客户。每到周末，陈磊觉得比上班还累，可是陈磊却很开心。陈磊只要一有空就跑线下渠道，从店标、图片、文案及客源等各个方面去调整完善自己的事业。在前面的几份工作中积累了销售经验，陈磊深刻体会到了营销的重要性。于是在几乎大半年的时间里，他将盈利的绝大部分都用在广告投放当中，并逐步线上线下拓宽销售渠道。后来又开了多家分店，而且实施多元化发展，不再只经营保健品，还包括日用品、化妆品等，营业额由曾经的几千元增加到了月收入超过数十万元。现在陈磊在家里坐着就财源滚滚了。

其实，像陈磊这样的创业者不在少数，在这一群体中有刚从大学毕业的学生，有在职场中的年轻精英，更有中年人，还有一些久经职场的老江湖，有年薪百万的企业高管，也有月入千元的普通白领。他们中有的是不甘于朝九晚五，想进一步开拓和充实理想，有的已经是老板，只是爱聚在一起探讨经商那点事。在这里，有大学讲师兼职管理网络电商的，有设计总监下班后开设书画培训班的，有世界500强人力高管经营劳务派遣的，也有IT工程师业余通过微博营销葡萄酒的……重要的是，这里的每个人都忙得不亦乐乎，"下班后创业"这个理念将他们聚在了一起。

事实上，"下班后创业"在当今社会已不再是单独的个案。在北京、上海、广州等大型城市，越来越多的上班族在做好本职工作的同时，开始

第十三章
8小时之内求生存，8小时之外求发展

利用8小时以外的个人时间开启了自己的兼职逐梦之旅。在他们眼中，兼职创业不仅仅是为了赚取更多的财富，也是实践自我理想、丰富业余人生的理想途径。下班也已不再等同于工作的尾声，恰恰相反，成了创业生活的新起点。

那么，作为下班创业者，要注意哪些问题呢？

第一、创业一定要前期调研，选择自己有把握的行业。三百六十行，行行出状元，选对了行业，你就可能走向成功，选错了行业，你只能成为别人的反面教材。

第二、不要企图一口吃成胖子。在创业之初讲求的是稳，如果刚一入行，就给自己下任务量，赚取多少多少钱，那么在很多方面就可能显得急功近利，反而得不偿失。

第三、不要与工作冲突。很多下班族创业了觉得自己是个老板了，就不再将单位放在眼里，甚至在上班期间也做自己的小买卖，这样的结果只能是导致工作效率低下，还可能面临着被单位清退的危险。如果自己创业已经强大那也无所谓，但如果是创业初期，还需要公司的工资维持生计，我劝你还是先干好工作，有空闲和精力再去经营自己的创业。